HäämetLond

In der, moi Lond,
bin ich dehääm.

Ich kenn die Städt,
ich kenn die Derfer.

Ich kenn die Berje,
kenn die Dääler.

Ich kenn die Wisse,
kenn die Felder.

Ich kenn die Kerche,
kenn die Haiser.

Ich kenn die Leit,
ich kenn die Mensche.

Du, moi Lond,
bischt moi Dehämm.

Bruno Hain
(pfälzer Mundart)

(Bruno Hain wurde in
Ludwigshafen geboren.
Heute lebt er in
Böhl-Iggelheim.
Der vielfach preisgekrönte
Autor war 1993 zu Gast
beim Mundart-Symposion
in der Bosener Mühle)

In 20 Tagen rund ums Saarland

Günter Schmitt
Fotos: Winfried Götzinger

pvs pressevertrieb saar

Impressum

Vertrieb: Pressevertrieb Saar
Saarstr. 133, 66265 Heusweiler
Telefon: 0 68 06 / 98 52-0
Telefax: 0 68 06 / 8 56 40
www.pvsaar.de
E-Mail: bzaenkert@pvsaar.de

ISBN 3-937811-00-1

Printed in Germany

Gesamtprojektleitung: Günter Schmitt
Herausgeber: PVS Edition
Texte: Günter Schmitt
Redaktionelle Mitarbeit:
Georg Fox, Hans Cappel, Ricarda Wackers, Marco Muhar
Lektorat: Pressebüro Gross / Gallus
Fotos: Winfried Götzinger, Rolf Ruppenthal, Ferdi Hartung
Layout und Satz: FormArt Werbeagentur GmbH
Scans: MType Media
Belichtung und Druck: Merziger Druckerei & Verlag GmbH & CoKG
Verarbeitung: DIV Industriebuchbinderei Vogl GmbH

1. Auflage, 15.000, März 2004

Kartendarstellung auf Grundlage der Topographischen Karte 1 : 25000
Mit Erlaubnis des Landesamtes für Kataster-, Vermessungs- und Kartenwesen
Lizenznummer D-119/03 vom 18.11.2003

Für Fehler, die zwischenzeitlich durch witterungsbedingte Veränderungen oder ähnliche Gegebenheiten entstehen, kann der Verlag nicht verantwortlich gemacht werden.

Hinweise auf Veränderungen und Wegverlegungen nimmt der Verlag jederzeit gerne entgegen. PVS Edition, Saarstr. 133, 66265 Heusweiler.

Inhaltsverzeichnis

Vorwort

Der deutsche Tourismusverband bietet gemeinsam mit dem Verband Deutsche Gebirgs- und Wanderverein (der Saarwald-Verein und der Pfälzerwald-Verein sind dort Mitglied) auf seiner Internetplattform www.wanderbares-deutschland.de die schönsten und besten Wanderwege Deutschlands an.
Der einzige Wanderweg de Saarlandes, der es bislang geschafft hat, sich auf dieser Plattform zu präsentieren, ist der Saarland-Rundwanderweg.

Auf diesem 401,6 Kilometer langen Rundweg kann man die gesamte Vielfalt des Saarlandes zu Fuß entdecken.

Gekennzeichnet wurde er mit einem weiß/roten Rechteck.
Er führt an den Grenzen des Landes vorbei und überall dorthin, wo es Sehenswertes an Natur und Kultur zu erleben gibt.

Altvertrautes wird dabei wieder entdeckt, neue Perspektiven eröffnen sich. Für den Einheimischen wird Heimat zum Erlebnisfaktor, für den Fremden wird der Weg ein Stück Heimat auf Zeit.

Während der Wanderung stößt man immer wieder an die Grenzen des kleinen Bundeslandes. In Saarbrücken und im Bliesgau kommt man der französischen Grenze sehr nahe, im St. Wendeler Land und im Schwarzwälder Hochwald sind es die rheinland-pfälzischen Nachbarn, im Dreiländereck stößt man gleich an zwei Ländergrenzen, die zu Luxemburg und die zu Frankreich. Auf dem

Weg von Nennig nach Perl kann man an einem Tag beim Wandern drei Länder erleben.

Das Saarland war teilweise in preußischer Hand, teilweise bayerisch und das St. Wendeler Land gehörte gar zu Oldenburg. Das Land war immer Grenzland und Durchzugsland. Nicht zuletzt deshalb war die Region auch immer Zankapfel zwischen Deutschland und Frankreich.

Der Weg rund ums Saarland zeigt, dass die Kelten und Römer ihre Spuren hinterlassen haben. Eindrucksvoll ist ein Besuch im Europäischen Kulturpark, Parc Archéologique Européen in Bliesbruck-Reinheim im Bliesgau. An der deutsch-französischen Grenze ist ein einzigartiges Projekt grenzüberschreitender Zusammenarbeit verwirklicht worden. In Schwarzenbach bei Homburg, dort wo die wichtige römische Verbindungsstraße von Metz nach Mainz verlief, wird die römischen Vergangenheit im Freilichtmuseum dargestellt. Auf der Etappe zwischen Perl und Dreisbach bietet sich ein Abstecher zur römischen Villa in Borg an. Einige Gebäude wurden liebevoll rekonstruiert.

Der Gollenstein in Blieskastel und der Spellenstein in Rentrisch sowie die ehemalige keltische Fliehburg Hunnenring bei Otzenhausen zeugen vom Siedlungsgebiet der Kelten. Aussichtstürme wie der Schwarzenbergturm in Saarbrücken, der Höcherbergturm im Saarpfalz-Kreis oder das Europa-Denkmal in Berus bieten ebenso weite Ausblicke ins Land wie die Aussicht vom Vogelfelsen bei Saarhölzbach, die Cloef oberhalb der Saar in Orscholz, der Hammelsberg in Perl oder der Nackberg in Fitten.

Abmarsch auf dem Halberg am 15.05.2003

Kapellen, Klöster, Burgen und Ruinen begegnen uns bei der Wanderung: Die Kirkeler Burg mit ihrer Aussichtsplattform, das Gelände des Karlsbergschlosses oberhalb von Homburg, die Klosterruinen in Wörschweiler, das Kloster in Gräfinthal nahe der französischen Grenze im Mandelbachtal, die Burgruine Montclair gegenüber der Cloef, Schloss Berg in Nennig, die ehemalige Benediktiner-Abtei in Mettlach oder die Burgruine in Siersburg. Nicht zu vergessen die Kapelle auf dem Peterberg bei Braunshausen oder die Oranna-Kapelle bei Berus.

Taubenhaus in Gräfinthal

Große zusammenhängende Waldgebiete prägen das Land ebenso wie die vielen kleinen und größeren Flüsse, die Felder, die Wiesen, das Weideland und die Streuobstwiesen, aber auch die Industrieanlagen mit ihrer 200-jährigen Geschichte. Das Weltkulturerbe Völklinger Hütte steht dabei an erster Stelle und dokumentiert eindrucksvoll den Gesamtprozess der Eisenverhüttung in einem Hüttenwerk.

Bemerkenswert und sehenswert sind außerdem das Altstadt-Ensemble von Blieskastel, der Felsenpfad in Kirkel, der Bostalsee im St. Wendeler Land sowie die Kreisstadt St. Wendel mit ihrer Basilika, die Primstalsperre bei Nonnweiler mit dem um den See angelegten Planetenweg, der über 1000-jährige Alte Turm in Mettlach und der in seiner unmittelbaren Nähe stehende „Erdgeist“ des Wiener Künstlers André Heller.

Auf den europäischen Tourismusmessen 2003, vor allem auf der ITB, der Internationalen Tourismusbörse in Berlin, warb das Saarland mit dem Slogan: Wandern ohne Grenzen – so weit die Füße tragen. Insbesondere mit der größten Herausforderung, dem Saarland-Rundwanderweg.

Nachdem ich in den vergangenen Jahren gemeinsam mit Hörerinnen und Hörern von

Die Wanderer in Schengen

SR3 Saarlandwelle zwölf Tage entlang der Saar von der Quelle bis zur Mündung gewandert war und die Blies von der Quelle bis zur Mündung in sieben Tagen absolvierte, schälte sich schon bald der Gedanke heraus, das Saarland im Jahr des Wanderns 2003 zu umrunden.

Am 15. Mai 2003 war es dann so weit. Vom Halberg in Saarbrücken, dem Sitz des Saarländischen Rundfunks, machte ich mich mit einer Gruppe auf den Weg. Drei Wochen später, am 03. Juni 2003, sind wir nach 20 Tagen wieder auf dem Halberg angekommen.

Unterwegs

Mit auf Wanderschaft waren Ricarda Wackers und Marco Muhar, zwei junge Kollegen und Volontäre des Saarländischen Rundfunks. Sie hatten die Aufgabe von jeder Wanderetappe ein elektronisches Tagebuch in Wort und Bild anzufertigen. Tag für Tag konnte man im Internet das Erlebte der Wandergruppe nachlesen.

Die Dokumentation der Wanderung ist ihnen meisterlich gelungen. In diesem Buch sind am Ende einer jeden Wanderung Auszüge des Tagebuchs der beiden nachzulesen.

Ankunft am 3. Juni 2003

An dieser Stelle möchte ich ihnen nochmals ausdrücklich für ihre Arbeit und die auf sich genommenen Strapazen danken.

Bedanken möchte ich mich außerdem bei allen Beteiligten, die es ermöglicht haben, diese Wanderung durchzuführen, insbesondere bei den Wanderführern, die uns sicher auf den Etappen geführt haben.

Mein Dank gilt auch Relinde Niederländer, die sich über viele Etappen gequält hat. Die preisgekrönte Mundartdichterin aus Homburg-Beeden hat die folgenden Zeilen unterwegs, irgendwo zwischen Weiskirchen und Perl, zu Papier gebracht:

Mundartautorin Relinde Niederländer

Oh Wandersmann,
oh Wandersmann,
ich weiß, was dich quält,
dein Geist und dein Sinn
von Visionen beseelt,
der Traum eines Weges durch
Wald und durch Flur,
geformt in virtuoser Koloratur.

Bergauf und bergab
in endlosem Schritt,
dein Traum wurde Wahrheit
und wir wandern mit.

In 20 Tagen,
nonstop und mit Mumm,
marschierst du mit uns um
das Saarland herum.

Wir sind 60 Wand'rer,
beharrlich wie du,
und stürzen am Morgen
in dampfende Schuh!

Wir nehmen den Schirm,
um dem Regen zu trotzen,
nur wenn er nicht aufhört,
ist's trotzdem zum K......

Doch sind wir beharrlich
und Sorgen vergehen,
sobald wir den Hauch
eines Sonnenstrahls sehen.

Jetzt wird es uns heiß und wir
schwitzen uns nass,
und Berge gibt es im Saarland
en masse.

Doch geht Gott sei Dank jeder
Berg wieder runter,
und blitzartig sind wir fidel,
froh und munter.

Was mystisch erscheint,
bei jeglichem Halt,
verschwinden die meisten
husch husch in den Wald.

Die Rast ist meist kurz,
ein eilig Verschnaufen,
denn wir müssen noch
laufen, laufen, laufen.

Doch irgendwann kommen
auch wir mal an,
dank Günter,
dank unserem Wandersmann

Das nun vorliegende Buch „In 20 Tagen rund ums Saarland" soll all jenen nützliche Hilfe sein, die ihre Wanderschuhe schnüren, um ebenfalls den Weg rund ums Saarland auf sich zu nehmen.

Die Etappen sind so gestaltet worden, dass sie mit einer Länge zwischen 12 km und 30 km gut als Halbtageswanderung oder Tageswanderung absolviert werden können.

Bei der Beschreibung und den Wanderstrecken bin ich in erster Linie auf den Spuren des Saarland-Rundwanderweges unterwegs. Dort, wo es mir wichtig erschien, habe ich den markierten Weg verlassen, um zu Kulturdenkmälern zu gelangen, die nicht unmittelbar am Saarland-Rundwanderweg liegen.

In den entsprechenden Tages-Etappen weise ich jeweils im Text darauf hin.

Günter Schmitt

Günter Schmitt

Bostalsee

SAARWALD-VEREIN e.V.
SAARL. RUNDWANDERWEG

Informationen

Wanderzeiten:

Bei den Wanderetappen sind keine Wanderzeiten angegeben. Jeder, der eine Wanderung unternimmt, hat sein eigenes Tempo. Allerdings sind die Etappenabschnitte so gewählt, dass sie an einem halben oder ganzen Tag erwandert werden können.

Wegmarkierung:

Der gesamte Saarland-Rundwanderweg ist mit einem rot-weißen Rechteck markiert. Dort wo die Route des Saarland-Rundwanderwegs verlassen wird, müssen verschiedene andere Markierungen und die Beschreibung des Weges beachtet werden.

Wegbeschaffenheit:

Der Wanderweg rund ums Saarland ist ein ständiges Auf und Ab. Zu jeder Etappe ist ein Höhenprofil erstellt worden, um zu sehen, was innerhalb eines Tages bewältigt werden muss.

Ausrüstung:

Die Wanderung sollte mit festem Schuhwerk unternommen werden. Nicht immer wartet auf den Wanderer ein geöffnetes Gasthaus oder Restaurant.
Deshalb ist es ratsam einen Rucksack mitzuführen, um Trinkflasche und Essbares zu transportieren. Im Rucksack sollte auch Platz für einen Wind- und Regenschutz sein. Innerhalb eines Tages kann das Wetter durchaus umschlagen.

Mit Bus und Bahn:

Die Bahnhöfe in den Orten und Städten sind einzeln telefonisch nicht erreichbar.
Es gibt eine Fahrplanauskunft rund um die Uhr:
Telefon 0 18 05 / 99 66 33.

Auskunft über Busverbindungen erhält man bei den örtlichen Tourismusinformationen.

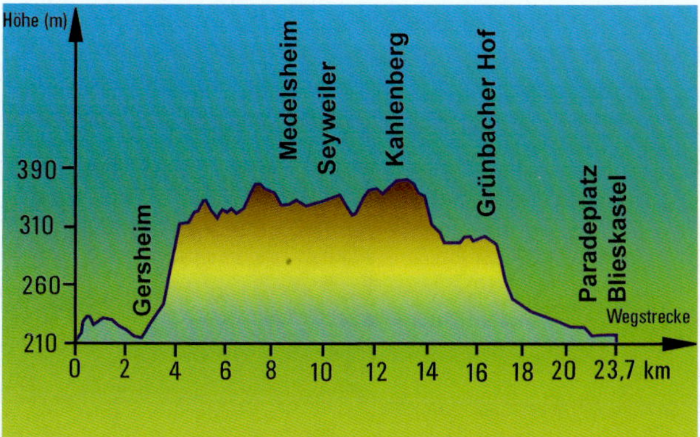

Höhenprofil - 3. Etappe

Wanderkarten:

Zu den einzelnen Wanderetappen hat das Landesamt für Kataster-, Vermessungs- und Kartenwesen des Saarlandes die Karte im Maßstab 1:50.000 angefertigt. Die regionalen Tourismusbüros, die TZS in Saarbrücken sowie der Saarwald-Verein bieten weiteres Kartenmaterial an. Hier die Adressen:

Tourismus Zentrale Saarland
Franz-Josef-Röder-Straße 9
D-66119 Saarbrücken
Telefon: 06 81 / 9 27 20-0
Telefax: 06 81 / 9 27 20-40
info@tz-s.de
www.tourismus.saarland.de

Kontour-Kongress und Touristik GmbH Saar
Reichsstraße 1 / Saar-Galerie
D-66111 Saarbrücken
Telefon: 06 81 / 9 38 09-0
Telefax: 06 81 / 9 38 09-38
Kontour@kontour-saar.de
Internet: www.saarbrücken.de

Saarpfalz-Touristik
Am Forum 1
D-66424 Homburg
Telefon: 0 68 41 / 104-190
Telefax: 0 68 41 / 104-195
touristik@saarpfalz-kreis.de

Tourismus- und Kulturzentrale des Landkreises Neunkirchen
Wilhelm-Heinrich-Straße 36
D-66564 Ottweiler
Telefon: 0 68 24 / 9 06 400
Telefax: 0 68 24 / 9 06 401
info@landkreis-neunkirchen.de
www.landkreis-neunkichen.de

Tourist-Information
Sankt Wendeler Land
Am Seehafen
D-66625 Nohfelden
Telefon: 0 68 52 / 9 01 10
Telefax: 06852 / 90 10 20
tourist-info@bostalsee.de
www.bostalsee.de

Tourismusverband Merzig-Wadern e.V.
Poststraße 12
D-66663 Merzig
Telefon: 0 68 61 / 7 38 74
Telefax: 0 68 61 / 7 38 75
info@merzig-wadern-online.de
www.merzig-wadern-online.de

Landkreis Saarlouis
Tourist-Information
Kaiser-Wilhelm-Straße 3
D-66740 Saarlouis
Telefon: 0 68 31 / 444-488
Telefax: 0 68 31 / 444-262
Amt80-1@Kreis-Saarlouis.de
Internet: www.wfus.de

Saarwald-Verein e.V.
Kaiser-Friedrich-Ring 31
D-66740 Saarlouis
Telefon: 0 68 31 / 444-353
Telefax: 0 68 31 / 444-295
saarwaldverein@t-online.de

Landesamt für Kataster-, Vermessungs- und Kartenwesen
Karten und Geodaten
Dudweilerstraße 1
D-66133 Saarbrücken-Scheidt
Telefon: 06 81 / 9 80 39-119
Telefax: 06 81 / 9 80 39-120
verkauf@lkvk.saarland.de

SAARBRÜCKEN
Souvenirs
...für Groß & Klein
Stadt.Land.Lust.
die Region Saarbrücken
Diese Artikel und vieles
mehr erhalten Sie bei der:
Tourist Information Region Saarbrücken
Saar Galerie
Reichsstraße 1
66111 Saarbrücken
Telefon: +49(0)6 81/93 80 90
Telefax: +49(0)6 81/93 80 939
E-Mail: tourist.info@kontour.de
www.die-region-saarbruecken.de

Von der Landeshauptstadt in die Saarpfalz

Das Höhenprofil der Wegstrecke von Saarbrücken nach St. Ingbert gleicht dem einer Alpenetappe bei der Tour de France. Obwohl nur 15,6 Kilometer auf dem Tagesprogramm stehen, gilt es doch drei lange Anstiege zu bewältigen.

Zunächst, sozusagen zum Warmwandern, der am Stadtrand liegende Kaninchenberg mit seinen 266 Metern und gleich danach Saarbrückens höchste Erhebung, der Schwarzenberg mit 377 Metern und dem dazugehörigen Schwarzenbergturm. Wer die 241 Treppenstufen auf sich nimmt, wird oben mit einer grandiosen Aussicht belohnt. Es folgt dann zwischen Saarbrücken und Rentrisch der Gehlenberg (359 Meter), ehe hinter Rentrisch der Anstieg zum Großen Stiefel (364 Meter) bei St. Ingbert beginnt.

Stadtporträt

Saarbrücken ist die Metropole des Saarlandes – Landeshauptstadt, Universitätsstadt, Einkaufsstadt, Wirtschaftszentrum, Messestadt – ein Großraum zum Leben und Arbeiten für mehr als zweihunderttausend Menschen. Das Saarbrücker Kaleidoskop hat viele bunte Steinchen – Menschen und Museen, Staatstheater und Saarlandhalle, französisches Flair und saarländische Originalität.

Durch den Zusammenschluss der Saarstädte Saarbrücken, St. Johann und Malstatt-Burbach entstand 1909 die Kernstadt des heutigen Saarbrücken. Nach dem 2. Weltkrieg wurde Saarbrücken zur Hauptstadt des Saarlandes und damit zum Sitz aller Ministerien und der meisten Behörden. Damit ist Saarbrücken gewachsenes wirtschaftliches und kulturelles Zentrum einer grenzüberschreitenden Region.

Saarbrücken, Saarkran

Die Ursprünge der Besiedelung reichen zurück bis in die Zeit vor Christus, als der keltische Stamm der Mediomatriker die Gegend der heutigen Stadt Saarbrücken besiedelte. Nach den Kelten kamen die Römer, die durch Cäsars Eroberungen das gesamte linke Rheinufer in Besitz nahmen. Urkundlich erstmals erwähnt wird Saarbrücken in einer Schenkungsurkunde von Kaiser Otto III. (999 n. Chr.). 1321 erhielten die Siedlung Saarbrücken und

Über den Dächern von Saarbrücken

das Fischerdorf St. Johann den Freiheitsbrief von Graf Johann I.. Mit der Industrialisierung des 19. Jhd. wuchs die Bedeutung der Saar als Transportweg. Ab 1866 verband der Saar-Kohle-Kanal Saarbrücken mit den Wasserwegen in Lothringen und im Elsass.

Saarländisches Staatstheater

Wo ein Fluss ist, sind auch Brücken. Das tägliche „riwwer unn niwwer" steckt den Saarbrückern im Blut. Von der Geschichte wurde das Brückenschlagen den Menschen an der Saar in die Wiege gelegt – Saarbrücken eben. Der Einkauf im französischen Supermarkt, das Essen im französischen Restaurant gehört ebenso zum Alltag wie das Pendeln zur Arbeit von Frankreich nach Deutschland – und umgekehrt. Aber nicht nur die Arbeiter pendeln: Der Austausch von Know-how und Kultur ist inzwischen eine selbstverständliche Bereicherung der Kulturen.

Mehrere Baustile haben das historische Saarbrücken geprägt. Ein bedeutendes gotisches Bauwerk ist die gerade restaurierte Stiftskirche St. Arnual, Grabkirche der Saarbrücker Grafen. Fürst Wilhelm Heinrich und dessen Baumeister Friedrich Joachim Stengel hinterließen der Stadt hochbarocke Baudenkmäler. Die Ludwigskirche, das Saarbrücker Schloss mit Schlossplatz, Erbprinzenpalais, Altem Rathaus und die Basilika St. Johann zeugen noch heute von dieser wichtigen Epoche. Durch die Zerstörungen im Zweiten Weltkrieg war ein Wiederaufbau der Kernstadt in

HOTEL
LA
RÉSIDENCE
Saarbrücken. Am Kongresszentrum
Das Businesshotel im Zentrum der Stadt.
Das Top International Hotel in Saarbrücken. Mit dem Komfort, dem Service und der Technik des erstklassigen Businesshotels. Hotel La Résidence: Schön wohnen, gut arbeiten, in Ruhe angenehm entspannen.
Hotel La Résidence GmbH · Faktoreistraße 2
66111 Saarbrücken
Tel.: 06 81 / 38 82-0 · Fax: 06 81 / 38 82-185
Kostenloser Reservierungsservice: 0800-LARESID ·
info@la-residence.net · www.la-residence.net

großem Stil notwendig. Die wichtigste Einkaufstraße der Stadt, die Bahnhofstraße, wurde neu konzipiert, moderne Büro- und Verwaltungsgebäude entstanden.

Die Universität des Saarlandes liegt als Campus-Uni etwas abseits im Stadtwald. Der Saarländische Rundfunk sendet vier Rundfunkprogramme und ein Fernsehprogramm von seinen Sendeanlagen auf dem Halberg. Mehrere Festivals und Ereignisse prägen die Saarbrücker Jahreszeiten, so u.a. das Max-Ophüls-Filmfestival, die „Perspectives du Théâtre", das traditionelle Stadtfest, das Saar-Spektakel und der Saarbrücker Adventsmarkt.

Der ehemalige Bundespräsident Richard von Weizsäcker bemerkte bei seinem Antrittsbesuch 1984 in Saarbrücken: „Die Saarländer leben uns vor, wie man gleichzeitig ein guter Saarländer, ein guter Deutscher, ein guter Europäer und ein guter Nachbar sein kann."

Parken: im Bereich des Hauptbahnhofs von Saarbrücken steht genügend Parkraum zur Verfügung

Wegstrecke: 15,6 km

Startpunkt: Hauptbahnhof in Saarbrücken

Informationen: TZS Saarbrücken, Telefon: 06 81 / 9 27 20-0, Kontur-Kongress und Touristik GmbH Saar, Saarbrücken, Telefon: 06 81 / 93 80 90, Saarpfalz-Touristik, Homburg, Telefon: 0 68 41 / 1 04 - 1 90 bis 1 94,
Kulturamt der Stadt St. Ingbert, Telefon: 0 68 94 / 13-5 14

Wegmarkierung: vom Hauptbahnhof bis zum Ostbahnhof Beschreibung beachten, anschließend rot/weißes Rechteck

Einkehren: Stuhlsatzenhaus (an der Straße zwischen Scheidt und Dudweiler), Telefon: 06 81 / 37 37 22,
Heinrich-Kohl-Hütte des PWV auf dem Stiefel
Geöffnet: Sonntag von 10.00 - 17.00 Uhr

Übernachten: Sengscheider Hof, Sengscheid
Telefon: 0 68 94 / 98 20,
Alfa Hotel, Sengscheid, Telefon: 0 68 94 / 98 50

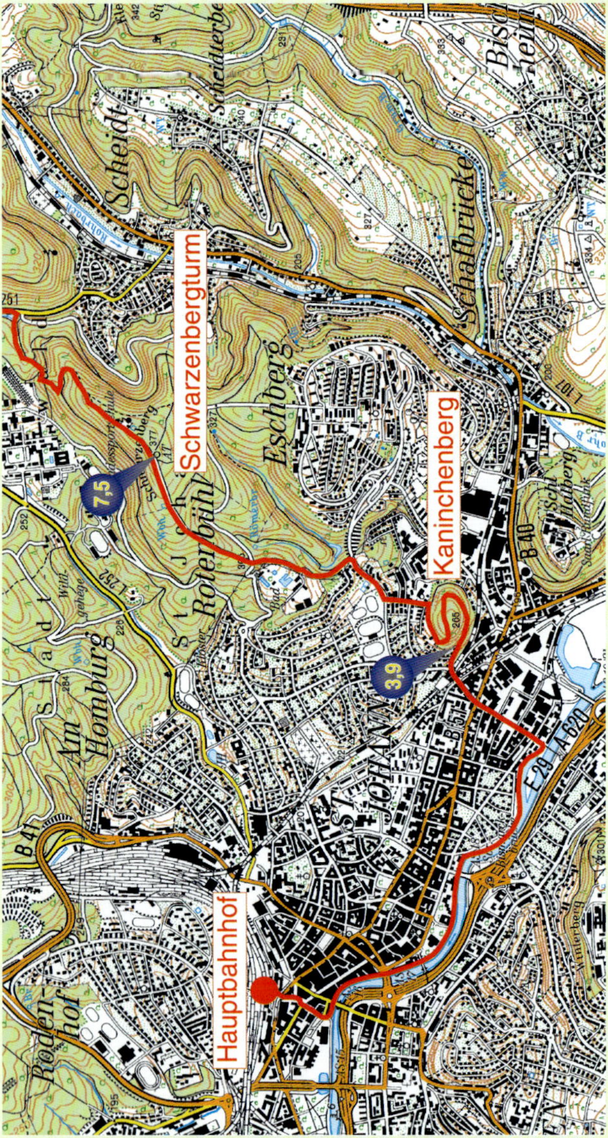
Schwarzenbergturm
Kaninchenberg
Hauptbahnhof
7,5
3,9
Scheidt
Schafbrücke
Eschberg
Rotenbühl
Am Homburg
Rodenhof

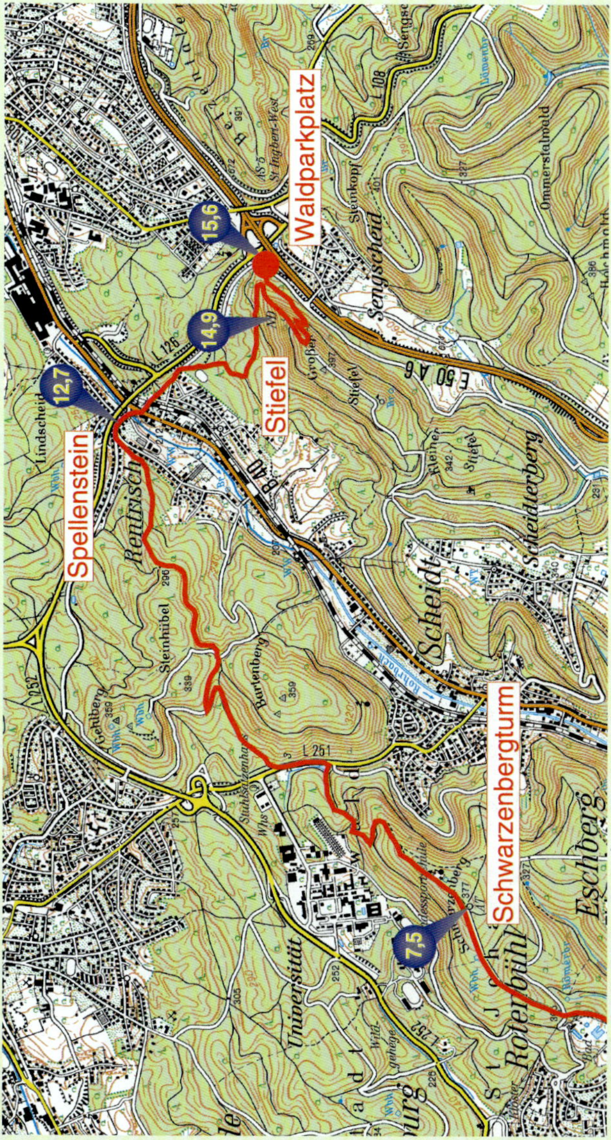
Waldparkplatz
15,6
14,9
Stiefel
12,7
Spellenstein
Schwarzenbergturm
7,5

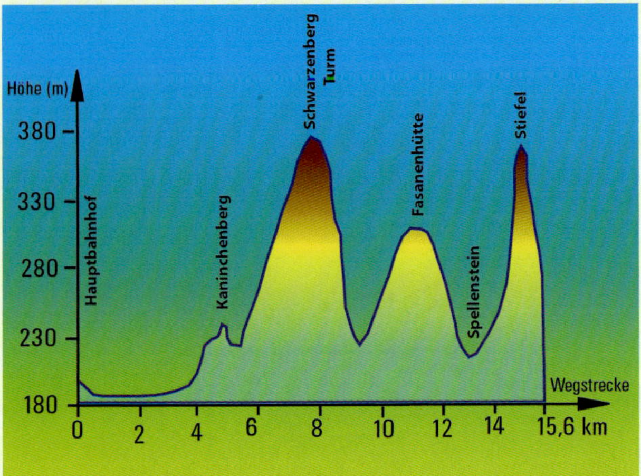

Höhenprofil - 1. Etappe

Wegbeschreibung

Wer vor der Wanderung noch etwas Stadtluft schnuppern möchte, sollte am Hauptbahnhof Saarbrücken starten. Am Ende des Bahnhofsvorplatzes überquert man die Gleise der Saarbahn, um dann durch die Reichsstraße weiterzugehen.

Wir wandern geradeaus weiter, vor uns erscheint das Hotel Mercure Kongress. Zwischen Hotel und Kongresshalle erreichen wir vom Bahnhof aus nach 500 m das rechte Saarufer.

An der Saar angekommen halten wir uns links. Unter der Berliner Promenade, immer am Ufer entlang, unterqueren wir zunächst die Wilhelm-Heinrich-Brücke, ehe wir die Alte Brücke von Saarbrücken erreichen. Rechts oben erkennt man Teile des Saarbrücker Schlosses, auf der linken Seite erwartet uns das Saarländische Staatstheater und gleich anschließend das Saarland Museum. Am Ende der Uferanlagen „Am Staden“ müssen wir vor dem Heizkraftwerk Römerbrücke die Saar verlassen und wandern durch die Straße des 13. Januar Richtung Mainzer Straße. Diese wird dann an der Ampelanlage überquert. Über die Straße Am Kieselhumes gelangen wir zum Ostbahnhof.

Nachdem wir die Straße Am Kieselhumes überquert haben zeigt uns die rot-weiße Markierung des Saarland-Rundwanderweges in der Straße Am Kaninchenberg den Einstieg zum Weg. Er steigt sanft nach oben und nach wenigen Minuten

Der Schwarzenbergturm

haben wir das geschäftige Treiben und den Lärm der Stadt hinter uns gelassen. Über den Kaninchenbergpfad, auf schattigem und weichem Waldboden, erreichen wir den höchsten Punkt des stadtnahen Berges. Das Römerkraftwerk, direkt an der Saar gelegen, liegt uns zu Füßen. Der Saarland-Rundwanderweg verläuft hier auf der gleichen Trasse wie der Stadtrundweg (rotes S auf weißem Untergrund und blauer Umrandung).

Über Treppenstufen folgen wir der schmalen Wegführung abwärts. An der Nordseite des Kaninchenberges führt der Weg in weitem Bogen um den Berg. Wir verlassen den Wald über die Straße Am Heidenkopferdell und folgen dieser bis zur Straße Am Kieselhumes, die vom Stadtteil Rotenbühl hinauf zum Eschberg führt. Wir überqueren die Straße Am Kieselhumes und folgen auf dem Bürgersteig der Trassenführung nach oben. Nach wenigen Minuten erreichen wir die Kobenhütterstraße und tauchen dort an der Kobenhütte in den Saarbrücker Stadtwald ein.

Sogleich befinden wir uns auf historisch radsportlichem Terrain. Im Gelände rund um die Saarbrücker Kobenhütte, unweit der Universität des Saarlandes, trafen sich über Jahrzehnte die besten Querfeldein-Radsportler zu nationalen und internationalen Meisterschaften. Höhepunkt hierbei war die Weltmeisterschaft 1955.

Deutsche Querfeldeinmeisterschaft 1957 in Saarbrücken: Sieger: G. Debusmann, Klarenthal, rechts im Bild der spätere mehrfache Weltmeister R. Wolfshol.

Der Wegmarkierung folgend, erreichen wir über einen breiten Waldweg die steil im Hang angelegten Treppenstufen. Der Anstieg zum Schwarzenberg mit seinem Wahrzeichen, dem markanten Schwarzenbergturm, hat begonnen. Bei Kilometer 7,5 und 377 Höhenmetern stehen wir am Fuße des Aussichtsturms.

Als der so genannte Verschönerungsverein St. Johann vor über 70 Jahren die Idee eines Turmbaues im Saarbrücker Stadtwald hatte, liefen die Naturfreunde geradezu Sturm gegen dieses Vorhaben. Man fürchtete um die Ruhe im nahe gelegenen Stadtwald zwischen Rotenbühl, Universität, Eschberg und Scheidt. Die Einweihung des Turmes am 12. Oktober 1930 glättete dann allerdings sehr schnell die Wogen zwischen den Befürwortern und den Kritikern des Bauwerkes. Im Volksmund wurde der Aussichtsturm schon bald als der „längste Saarbrücker" bezeichnet.
Wer am Fuß des Turmes angelangt ist, sollte es sich nicht nehmen lassen, die 241 Treppenstufen bis zur oberen Plattform zu erklimmen.

Die Aussicht ist grandios.

Nach der Turmbesteigung lassen wir die vielen Gebäude der Universität des Saarlandes, die

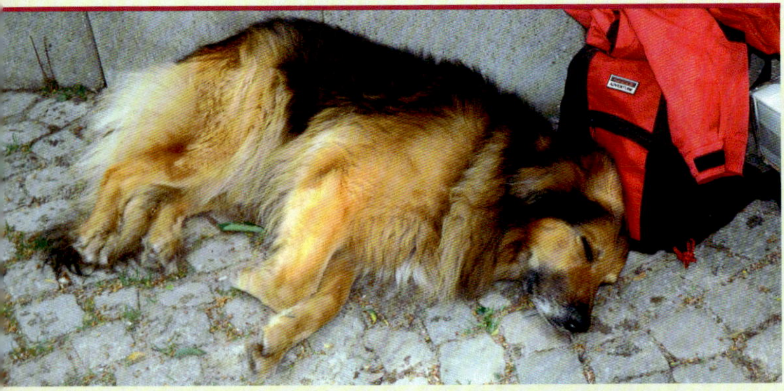

Aussicht vom Schwarzenbergturm

sich hier im Stadtwald seit Jahren immer weiter ausbreitet, linker Hand liegen. Teilweise auf schmalen Pfaden geht es bergab. Bevor wir die Talsohle erreicht haben, passieren wir die etwas versteckt auf der linken Seite des Weges liegende Eichendorfquelle, die 1925 von der Wanderabteilung der DJK Dudweiler gefasst worden ist.

Nach wenigen Minuten erreichen wir die Verbindungsstraße zwischen Scheidt und Dudweiler. Nach der Überquerung halten wir uns links und wandern parallel zur Straße, ehe der Wanderweg kurz vor dem Stuhlsatzenhaus nach rechts abbiegt. Es folgt der Anstieg zum Gehlenberg und kaum oben angekommen, führt uns der Weg hinunter nach Rentrisch. Hier folgen wir der Trassenführung der Straße Am Spellenstein. Im Vorgarten des Hauses mit der Hausnummer 12 steht das Kulturdenkmal Spellenstein.

Dieser 5 Meter hohe Sandstein-Menhir stammt aus der Zeit der megalitischen Baukunst der ausgehenden jüngeren Steinzeit ca. 1800 v. Chr.. Im Laufe der Zeit hat man den Stein entweder als Kelten- oder

Der Spellenstein

Römerstein, als Kultdenkmal, Fruchtbarkeitssymbol oder aber als Grenzstein zwischen St. Ingbert, Ensheim, Scheidt und Sulzbach aufgefasst. Bei der Betrachtung des Spellensteins fällt auf, dass er vor einem Berg steht. Die Spitze des Steins deu-

Es folgt nun auf schmalem und schattigem Pfad der längste Anstieg des Tages, der oben an der 1912 erbauten Heinrich-Kohl-Hütte endet, nur wenige Meter vom Stiefel entfernt.
Ein durch Erosion entstandener Riesenschuh hat dem Berg

Auf dem Weg zum Großen Stiefel

tet auf den Berg und so vermutlich auf eine Kultstätte. In diesem Fall auf den Großen Stiefel. Und dort wollen wir jetzt hin.

Vorbei am neu errichteten Waschhaus von Rentrisch überqueren wir die Untere Kaiserstraße, die Hauptverbindungsstraße zwischen Saarbrücken, Scheidt, Rentrisch und St. Ingbert. Das Restaurant „Pilsstube“ lassen wir rechter Hand liegen, unterqueren die Bahnlinie und befinden uns sogleich in der Straße Zum Sengscheider Tal. Am Ende des bewohnten Tales tauchen wir in das große Waldgebiet rund um den Stiefel ein.

den Namen gegeben. Der gesamte Höhenrücken ist mit Gräben früherer Verteidigungsanlagen durchzogen, die ältesten Funde stammen aus der mittleren Steinzeit.

Vorbei am wenige Meter vom Stiefel stehenden Teufelsfels bringt uns der Weg steil nach unten. Schon bald werden die ersten Dächer von Sengscheid sichtbar. Über die Autobahnbrücke gelangen wir zum Ziel der Wanderung.

Großer Stiefel

Aus dem Tagebuch von... Marco Muhar

Ricarda Wackers

Marco Muhar

Von der Straße Heidenkopferdell geht es zur Kobenhütte, und dann beginnt der lange Anstieg durch den Stadtwald zum Schwarzenbergturm.

Langsam klettert der Puls.
Wie gesagt, ein langer Anstieg.
Teilweise auch recht steil.

Eine gute Strecke, um erste Überlebenstechniken auszuprobieren. Zum Beispiel die hohe Kunst, während der anstrengenden Passagen den jeweiligen Gesprächspartner reden zu lassen. Man selbst braucht die Luft ja zum Schnaufen. Also: Fragen stellen. Am besten offene Fragen. Den anderen zum Reden bringen. Mit einem fragenden Blick weitere Ausführungen einfordern. Auch ein interessiertes Kopfnicken im richtigen Moment kann viele Atemzüge sparen.
Wie gesagt. Es ist eine Kunst.
Nach vielen offenen Fragen dann endlich:
Der Schwarzenbergturm. In 40 Metern Höhe befindet sich die Aussichtsplattform. Und wenn man schon mal da ist.... Rund 20 Wanderer aus unserer Gruppe genießen die Aussicht, spekulieren über Lage und Namen von Ortsteilen und Gebäuden, über Autobahnen und Zugstrecken und über die herannahende Regenfront, die uns auf dem Weg nach Rentrisch zum Glück nur streift.

Vom Buntsandstein zum Muschelkalk

Prähistorische Felsmonumente wie der Stiefel und der Teufelsfels sind durch Erosion auf einem Buntsandsteinrücken nahe St. Ingbert in Millionen von Jahren entstanden. In Buntsandstein gehauen sind auch die Figuren „Hänsel und Gretel" im Sengscheider Wald.

Das geschäftige Treiben der Stadt verklingt sehr schnell im waldreichen Gebiet zwischen St. Ingbert, Mandelbachtal und Saarbrücken. Der nahe gelegene Flughafen wird ab und an hörbar, aber das Prägende dieser Etappe sind Waldreichtum, Wiesen, Weiden und Ackerland. Und dann der Bliesgau. Der Reiz dieser Landschaft geht vornehmlich auf die fast ausnahmslos landwirtschaftliche Nutzung zurück. Äcker und Wiesen in den Tälern, Weiden und Streuobstwiesen an den Hängen, Wälder auf den Bergrücken und Anhöhen prägen das Bild.

Stadtporträt

St. Ingbert besteht aus den Stadtteilen St. Ingbert-Mitte, Rohrbach, Hassel, Rentrisch und Oberwürzbach. Die Kreisstadt liegt im Saarpfalz-Kreis, wenige Autominuten von Saarbrücken entfernt. Im Dreieck Saarbrücken - Neunkirchen - Homburg nimmt St. Ingbert eine zentrale Stellung ein. Kurze Wege in die Handelszentren des Landes sind dabei einerseits ein Vorteil, andererseits aber auch eine Herausforderung für St. Ingbert, sich erfolgreich zu positionieren und sich positiv von den Nachbarstädten abzuheben. St. Ingbert hat saarlandweit das höchste Pro-Kopf-Einkommen und zählt zu den Städten mit dem höchsten Anteil an Handwerksbetrieben. Der Flughafen Saarbrücken ist zehn Kilometer vom St. Ingberter Zentrum gelegen und die Universität erreichen die Menschen mit einem Zubringerbus.

Ein Viertel des Stadtgebiets von St. Ingbert ist mit Wald bedeckt. Wandern in Wald und

Ehem. Alte Glashütte

Feld wird deshalb als beliebte Freizeitbeschäftigung der „Dengmerter" gepflegt. Übrigens: Mit dem Fahrrad funktioniert das Erkunden der Stadtumgebung genauso gut wie auf Schusters Rappen. Wer sich für die Arbeitsbedingungen unter Tage interessiert, sollte das größte Besucherbergwerk der Region, den Rischbachstollen in St. Ingbert besuchen.

Im Museum St. Ingbert werden neben der ständigen Sammlung viermal jährlich wechselnde Aus-

Fußgängerzone in St. Ingbert

stellungen von internationalem Renommee gezeigt. Die Rathausgalerie präsentiert regional und überregional bekannte Künstler.

Gastspiele großer Tourneetheater, Musicals, ein bedeutendes internationales Jazzfestival, Rock- und Popkonzerte. In St. Ingbert wurden Kulturprojekte entwickelt, die weit über die Region hinaus wirken. So treffen sich jeweils Anfang September die Freunde der Kleinkunst in der Stadthalle. Dort bewerben sich Künstlerinnen und Künstler eine Woche lang um die begehrte „St. Ingberter Pfanne". Es ist einer der wichtigsten deutschen Kleinkunstpreise. Alljährlich finden mehrere Tausend Besucherinnen und Besucher den Weg in die Ingobertusstadt, um hochkarätige Musiker und Kleinkünstler auf der Bühne der Stadthalle zu erleben.
Im Laufe der letzten Jahre entwickelte sich St. Ingbert zu einem wahren „Börsenplatz". Edle Steine begeistern jedes Jahr im November an zwei Tagen rund 10.000 Besucher bei der St. Ingberter Mineralien-, Fossilien-, Edelstein- und Schmuckbörse. Die Saar-Lor-Lux-Tourismusbörse wirbt fürs Reisen, eine große Vereinsbörse zeichnet die kulturelle Vielfalt der einheimischen Vereinswelt nach.

Parken: Parkplatz am Aufstieg zum Großen Stiefel
Weiterhin steht im Bereich von Sengscheid genügend Parkraum zur Verfügung.

Wegstrecke: 30,0 km

Startpunkt: Parkplatz Großer Stiefel

Informationen: Saarpfalz-Touristik, Homburg,
Telefon: 06841 / 104-190 bis 194,
Kulturamt der Stadt St. Ingbert, Telefon: 06894 / 13-514,
Kultur- und Verkehrsamt Gemeinde Gersheim,
Telefon: 06843 / 801-42,
Verkehrsbüro Mandelbachtal, Telefon: 06893 / 809-126

Wegmarkierung: rot/weißes Rechteck

Einkehren:
Gräfinthaler Hof, Gräfinthal, Telefon: 06804 / 91100,
Klosterschänke, Gräfinthal, Telefon: 06804 / 99410,
Café Bistro Bahnhof Gersheim, Telefon: 06843 / 902055

Übernachten: Hotel Bliesbrück, Herbitzheim,
Telefon: 06843 / 80000

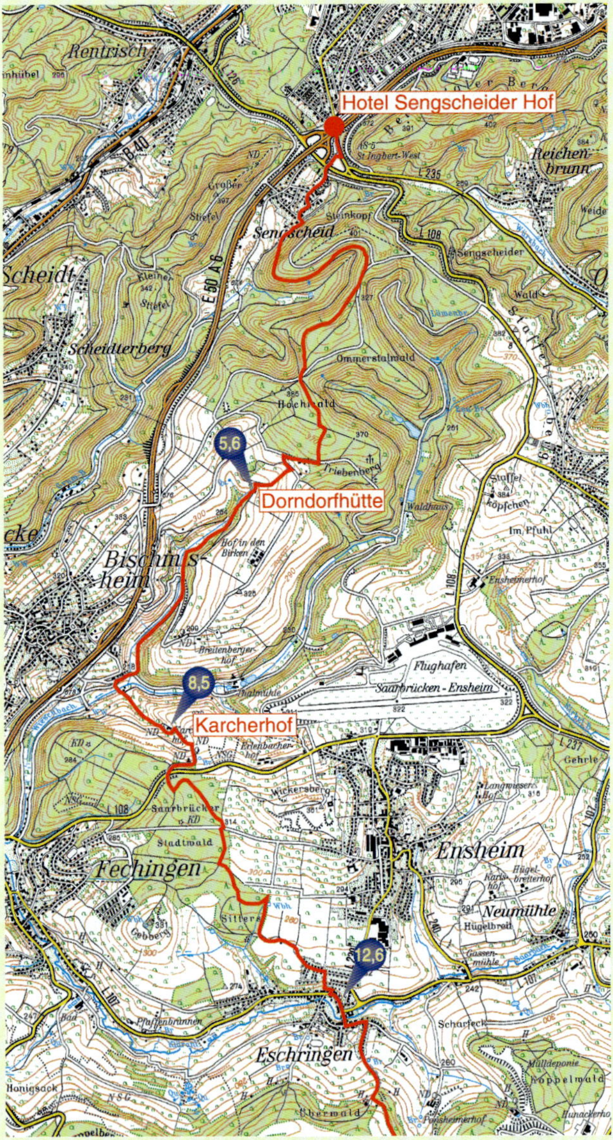
Hotel Sengscheider Hof
5,6
Dorndorfhütte
8,5
Karcherhof
12,6
Rentrisch
Reichenbrunn
Sengscheid
Scheidt
Scheidterberg
Ommerstalwald
Hochwald
Bischmisheim
Flughafen Saarbrücken-Ensheim
Ensheim
Fechingen
Neumühle
Eschringen
Saarbrücker Stadtwald
Wickersberg
Triebenberg
Waldhaus
Im Pfuhl
Ensheimerhof
Breitenbergerhof
Erlenbacherhof
Gebberg
Pfaffenbrunnen
Scharfeck
Honigsack
Hühnermühle
Hügelbrett
Gehrle
Staffelköpfchen
Steinkopf
Mülldeponie
Koppelwald
Übermald
Fürstenheimerhof
Hunackerhof
Thalmühle
Langwieser Hof
Sitters
E 50 A 6
B 40
L 108
L 235
L 237
L 107

Hotel Bliesbrück
30,0
27,3
Grenzlandhof
23,0
Heidenkopf
16,7
18,6
Herbitzheim
Rubenheim
Wittersheim
Bebelsheim
Gersheim
Reinheim
Bliesmengen-Bolchen
Bliesransbach
Bliesschweyen
Gräfinthal
B423
L 231
L 201
L 102
L 105
L 238
Blies

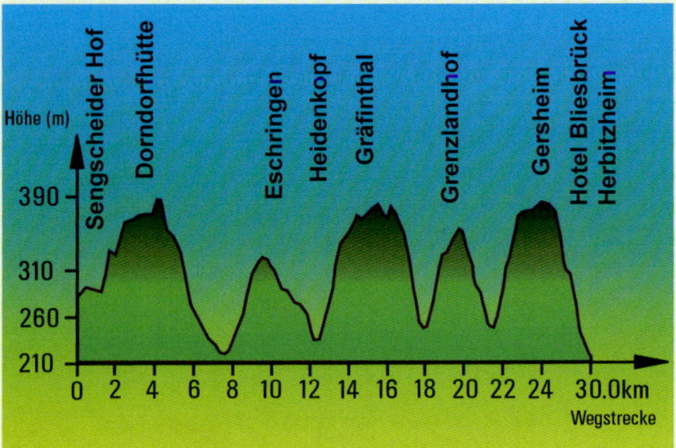

Höhenprofil - 2. Etappe

Wegbeschreibung

Gasthaus Alte Post in Eschringen

Vom Parkplatz am Stiefeler Felsen, den Berg im Rücken, geht es zunächst über die Autobahnbrücke nach Sengscheid. Über den Birkenkopfweg erreichen wir nach wenigen Metern auf der linken Seite das Hotel Sengscheider Hof. In der Linkskurve dieser Straße folgen wir dann der Wegebeschilderung nach rechts in den Wald. Es geht schon bald bergan.

Unser erstes Ziel ist das Felsrelief, das im Volksmund „Hänsel und Gretel" genannt wird. Nach knapp zwei Kilometern haben wir das Relief, das etwa aus dem 3. Jhd. n. Chr. stammt, erreicht. Über die Bedeutung sind sich die Gelehrten bis heute nicht einig. Immer wieder ist die Abbildung mit Segensgottheiten aus dem gallo-römischen Götterkreis in Verbindung gebracht worden.
Der Weg führt unter Schatten spendenden Bäumen weiter bergauf. Oben angelangt haben wir die so genannte „Spinne" erreicht, eine Wanderwegekreuzung mitten im Staffelwald. Weiter geht es zunächst auf weichem Waldboden, ehe wir den Wald verlassen und uns ein geteerter Feldwirtschaftsweg zur Dorndorfhütte bringt.

Wir wandern bergab, in großem Bogen geht es an Bischmisheim vorbei. Im Tal angekommen, erwartet uns der nächste Anstieg. Den Karcherhof lassen wir hinter uns, überqueren die Flughafenstraße, welche die Landeshauptstadt Saarbrücken mit dem nahe gelegenen Flughafen in Ensheim verbindet.

Ein breiter Waldweg bringt uns nach Eschringen, wir müssen quer durch den Ort. Am Gasthaus „Zur Post“ verlassen wir die Hauptstraße, wandern nach rechts in die Gräfinthaler Straße und nachdem wir den Fechinger Bach überquert haben, beginnt der nächste beschwerliche Anstieg.
Auf halbem Anstieg erreichen wir den Eschringer Grenzsteinlehrpfad. Dieser in den 70er Jahren angelegte Weg verläuft auf einer alten Grenze, die noch heute ihre Gültigkeit hat. Seit der Gebietsreform von 1974 trennt diese Grenze den Stadtverband Saarbrücken vom Saarpfalz-Kreis.

Die weißen Kalksteine, die hier als Untergrund für den Wanderweg dienen, zeigen uns, dass wir den Bliesgau mit seinem Muschelkalk längst erreicht haben. Vom Heidenkopf geht es bergab zum beschaulichen Flecken Gräfinthal, einem Ortsteil der Gemeinde Mandelbachtal. In einem der verschiedenen Restaurants sollte man in jedem Fall eine Rast einplanen. Heute

Das Taubenhaus in Gräfinthal

noch erinnern eine kleine Wallfahrtskapelle, einige Hofhäuser und das alte Taubenhaus an die Zeit der Eremitenmönche. Und wer im Sommer nach Gräfinthal kommt, sollte nicht versäumen, sich eines der Theaterstücke auf der Naturbühne in der Ochsenklamm anzusehen. Seit 1932 wird auf dieser Bühne erfolgreich Theater gespielt.

Nach ausgedehnter Rast erwartet uns der nächste Anstieg. Entlang des historischen Pilger-

Grenzstein

Auf dem Weg nach Gräfinthal

pfades geht es hoch zum Brudermannsfeld. Ein Kreuz aus dem Jahre 1695 erinnert an die Legende vom Blutwunder.

Der Grenzlandhof auf der gegenüberliegenden Seite des Tales ist das nächste Ziel. Zunächst führt der Weg bergab nach Bebelsheim. Unten im Tal erreichen wir über die Brudermannstraße Bebelsheim. Die Rundmauern der Kirche St. Margaretha sind bis zu 1,25 m dick.

Wir überqueren die Hauptstraße nach links und anschließend den Mandelbach. Nach wenigen Metern biegen wir rechts ab, wieder führt der Weg bergan. Der Grenzlandhof erwartet uns bei Kilometer 23,0. Familie Becker hat sich auf diesem Hof, der auf fast 400 Meter Höhe liegt, der Zucht von Islandpferden verschrieben. Zweihundert Islandpferde leben auf den 400 ha großen weitläufigen Weiden rund um den Hof. Hinzu kommen noch etwa siebzig Kühe, die ebenfalls auf den Weiden um den Hof zu Hause sind.

Wir verlassen den Hof und tauchen ein ins große Waldgebiet zwischen Mandelbachtal und Gersheim. Wir streifen an einigen, versteckt im Wald liegenden, keltischen Hügelgräbern vorbei, ehe der letzte Abstieg dieser Etappe bevorsteht. Wer diese Wanderung im Frühling unternimmt, wird im Orchideengebiet durch die bunten Blüten der Orchideen in den Wiesen vor Gersheim für die Strapazen des Tages belohnt.

Familie Becker

Im Orchideengebiet

Aus dem Tagebuch von...
Ricarda Wackers

Nach genüsslicher Rast in Gräfinthal geht es über den historischen Pilgerpfad hoch zum Brudermannsfeld.

Eine kleine Gedenkstätte erinnert daran, dass sich hier in der ersten Hälfte des 13. Jhd. einige Eremiten niedergelassen hatten. In der Höhlung einer Eiche stellten sie ein Bild Marias mit dem toten Sohn auf. Das – so will es die Legende – blutet eines Tages, als es von Räubern mit Pfeilen beschossen wird. Dieses Blut soll Gräfin Elisabeth von Blieskastel das Augenlicht zurückgegeben haben. Aus Dankbarkeit gründete sie das Kloster Gräfinthal, in dem sich vor einigen Jahren wieder Mönche eingefunden haben.

Vom Brudermannsfeld machen wir uns auf zum nächsten Etappenziel, dem gegenüberliegenden Grenzlandhof. Man hat beim Gehen einen schönen Blick darauf, wie übrigens über das ganze Tal, in dem der Ort Bebelsheim liegt. Fast hat es den Anschein, als sei das nächste Wegstück gar nicht mehr so anstrengend und das Ziel ganz nah.

Doch zu früh gefreut.

Je tiefer wir kommen, desto steiler kündigt sich der bevorstehende Anstieg an.

Vom Europ. Kulturpark ins barocke Blieskastel

Am Startpunkt der Wanderung erwartet uns eine gallo-römische Stadt, die zwischen dem 1. und 4. Jhd. n. Chr. mehrere Tausend Einwohner zählte und ein Handwerkszentrum für hochqualitative Erzeugnisse war. Während eines Rundgangs durch die „Reihenhäuser" mit ihren Feuerstellen, Öfen, Kellern und beheizten Wohnräumen wird dem Betrachter der Alltag einer Kleinstadt im Stammesgebiet der Mediomatriker vorgeführt. Höhepunkte des Rundgangs sind die gallo-römischen Thermen und das 1954 entdeckte Hügelgrab der Fürstin von Reinheim (400 v. Chr.).

Vom Europäischen Kulturpark führt der Weg durch eine der schönsten Landschaften, die das Saarland zu bieten hat. Der Bliesgau mit seinen sanften Hügeln, ein Fleckenteppich aus Wald, Wiesen und Ackerland und wie auf einer Landkarte dahingepinselte Dörfer, lassen den Wandertag zu einem Hochgenuss werden. Am Ende des Weges wartet die barocke Altstadt Blieskastel.

Ortsporträt

Gersheim besteht aus 11 Dörfern, die in der Landschaft des Bliestals verstreut liegen. Schon den Kelten und Römern gefiel dieser Landstrich. Sie hinterließen eine Reihe historischer Relikte, deren Freilegung im Europäischen Kulturpark von Besuchern „live" verfolgt werden kann.

Wo weitläufige Täler und Ackerbau das Landschaftsbild bestimmen, liegt am Unterlauf der Blies zwischen Bliesbruck und Reinheim der Europäische Kulturpark Bliesbruck-Reinheim. Neben dem bronzezeitlichen Hortfund (um 800 v. Chr.) und dem Fürstinnengrab (etwa 400 v. Chr.) unterstreichen vor allem ausgedehnte Siedlungsreste der römischen Epoche (1. bis 4. Jhd. n. Chr.) die historische Bedeutung. Bislang konnten bei den seit 1971 laufenden Ausgrabungen auf französischer Seite große Teile einer Stadt freigelegt werden. Während die Handwerksviertel nach ihrer Konservierung einen Einblick in die gallo-römische Handwerkskunst vermitteln, zeigt die Thermenanlage den Luxus römischen Alltagslebens. Auf deutscher Seite werden die Fundamente einer Villenanlage von fast 6000 qm Grundfläche untersucht, die von Süden her über ein Hofareal begehbar war. Eine besondere Attraktion ist neben der archäologischen Ausstellung die begehbare Rekonstruktion des Fürstinnengrabes.

Bahnhof Gersheim

Bliesgau

Die Gemeinde Gersheim ist ein interessantes Terrain für Radler! Der als Rundweg konzipierte Panoramaweg weist eine Länge von rund 38 Kilometer auf. Er führt abwechselnd auf Höhenrücken, die grandiose Aussichten bieten, und in Niederungen, die viele Sehenswürdigkeiten für den Besucher bereithalten. Zentrum der Radfahrfreunde ist der neue Bliestal-Freizeitweg, der auf einer ehemaligen Bahntrasse errichtet wurde und der auf seinen rund 20 km auch das Herz der Inline-Skater höher schlagen lässt. Auch Wanderer haben an dieser abwechslungsreichen Strecke ihre Freude. Gersheim hat zudem einen Golfplatz. Nicht weit ist der Sprung zum französischen Nachbarn, mit dem der Ort rund 13 km gemeinsame Landesgrenze hat.

Orchideen sind die artenreichste Pflanzenfamilie der Erde. Es gibt sie in nahezu allen Klimazonen. Unserem Klima entsprechend fällt die Hauptblütezeit der über 30 Orchideen-Arten in den Frühling und Frühsommer. Die Orchideen stehen unter strengem Naturschutz. Ohne Führung darf das Naturschutzgebiet nicht betreten werden!
Führungen finden von Anfang Mai bis Anfang Juli nach telefonischer Anmeldung beim Kulturamt Gersheim statt.

Weitere Sehenswürdigkeiten sind der „Eiskeller“ in Bliesdahlheim und die Kirchen von Medelsheim und Reinheim. Möglicherweise wurde der „Eiskeller“ in Bliesdahlheim wirklich einmal als Lagerstätte zur Aufbewahrung von Eisplatten benutzt, die bei der Herstellung und Lagerung von Bier notwendig waren. Wer den Eiskeller zum ersten Mal betritt, wird von dem Zauber dieses 24 m langen „gotischen“ Spitzgiebelraums fasziniert sein.

Die im Ortszentrum von Medelsheim gelegene Pfarrkirche ist zwar gotischen Ursprungs, verdankt ihre heutige Gestalt jedoch einigen barocken Baumaßnahmen. Die katholische Pfarrkirche St. Markus in Reinheim vereint zwei Gebäude von sehr unterschiedlichem Alter. Der heutige Kirchturm wurde um 1000 aus heimischem Kalkstein errichtet. Er diente ursprünglich als Wehrturm, worauf heute noch die Pechnase in Form eines Tiermauls an der Südseite hinweist. Das heutige Kirchenschiff wurde 1790/91 vom Hofbaumeister der Gräfin Marianne v. d. Leyen erbaut. Der schlichte Raum lässt die wertvolle Einrichtung, insbesondere das Schnitzwerk am Altar des Johann Martersteck, zu voller Geltung kommen.

Parken: Parkplatz am Europäischen Kulturpark

Wegstrecke: 23,7 km

Startpunkt:
Europäischer Kulturpark Bliesbruck/Reinheim

Informationen: Saarpfalz-Touristik, Homburg,
Telefon: 0 68 41 / 104-190 bis 194,
Kultur- und Verkehrsamt Gemeinde Gersheim,
Telefon: 0 68 43 / 801-42,
Europäischer Kulturpark, Gersheim-Reinheim,
Telefon: 0 68 43 / 90 02 11, Verkehrsamt Blieskastel,
Telefon: 0 68 42 / 5 20 75

Wegmarkierung: ab Gersheim rot/weißes Rechteck

Einkehren:
Bahnhof Gersheim, Telefon: 0 68 43 / 90 20 55,
Hämmerle's Restaurant, Telefon: 0 68 42 / 5 21 42,
Zum Schlangenbrunnen, Blieskastel, Telefon: 0 68 42/33 27,
Im Hinnereck, Blieskastel, Telefon: 0 6842 / 12 21

Übernachten:
Hotel zur Post, Blieskastel, Telefon: 0 68 42/9 21 60,
Privatpension Christine, Telefon: 0 68 42 / 5 26 62,
Hotel Bliesbrück, Herbitzheim, Telefon: 0 68 43 / 8 00 00

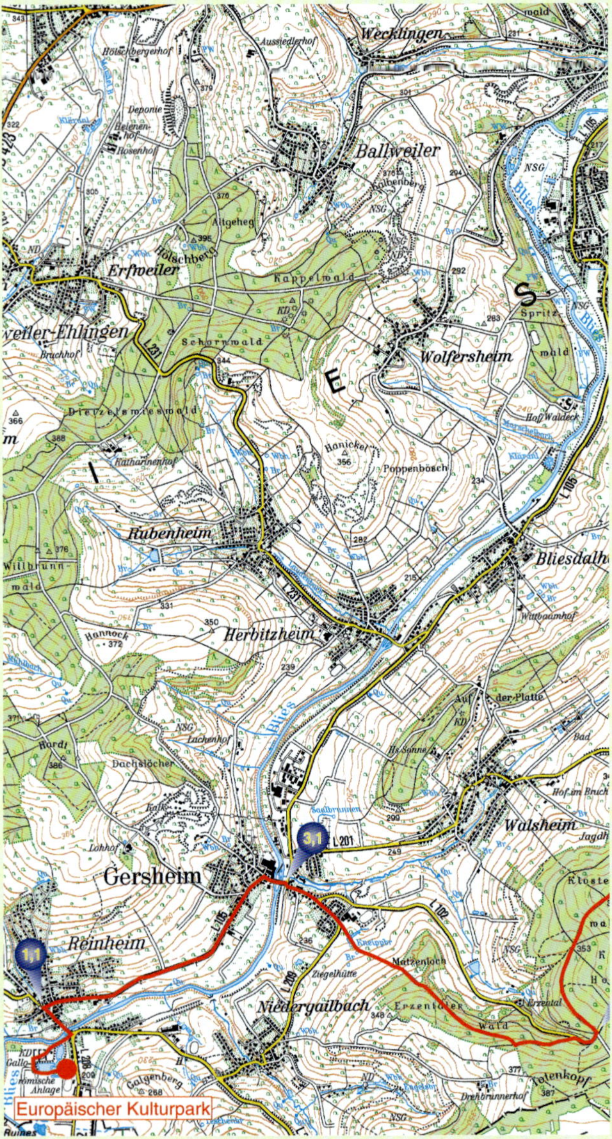
Wecklingen
Ballweiler
Erfweiler
Kappelwald
Schornwald
Wolfersheim
Dietzelsmieswald
Hanickel
Poppenbösch
Rubenheim
Bliesdalh
Herbitzheim
Blies
Walsheim
Gersheim
Reinheim
Niedergailbach
Galgenberg
Totenkopf
Erzentaler Wald
Mutzenloch
Ziegelhütte
Lachenhof
Dachslöcher
Hordt
Hannock
Willbrunnwald
Katharinenhof
Bruchhof
Hölschberg
Altgeheg
Deponie
Rosenhof
Aussiedlerhof
Hof Waldeck
Auf der Platte
Drehbrunnerhof
Römische Anlage
Europäischer Kulturpark
L 201
L 102
L 105
L 106
L 231
3,1
1,1

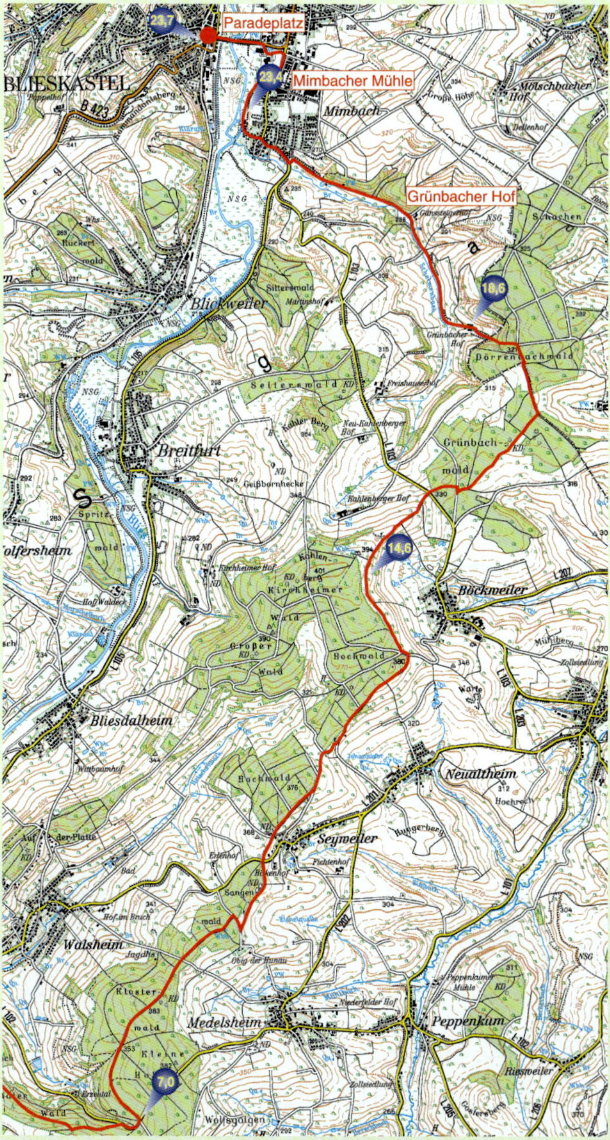
23,7
Paradeplatz
23,4
Mimbacher Mühle
Grünbacher Hof
18,6
14,6
7,0
Blieskastel
B 423
Mimbach
Mölschbacher Hof
Blickweiler
Siltersmald
Martinshof
Breitfurt
Seitersmald
Freishauserhof
Dörrenbachwald
Grünbachwald
Kahlenberger Hof
Geißbornhecke
Böckweiler
Kirchheimer Wald
Großer Wald
Hochwald
Bliesdalheim
Neualtheim
Seyweiler
Fichtenhof
Walsheim
Klosterwald
Medelsheim
Peppenkum
Riesweiler
Wolfsgalgen
Bliesdalheim
Hof Waldeck
Wittbaumhof
Erlenhof
Sangen
Hungerberg
Hochrech
Zollsiedlung
Niederfelder Hof
Peppenkumer Mühle
Kleine Hub
Erzental
Spritz
L 105
L 103
L 207
L 201
L 101
L 102
L 205
NSG
Blies

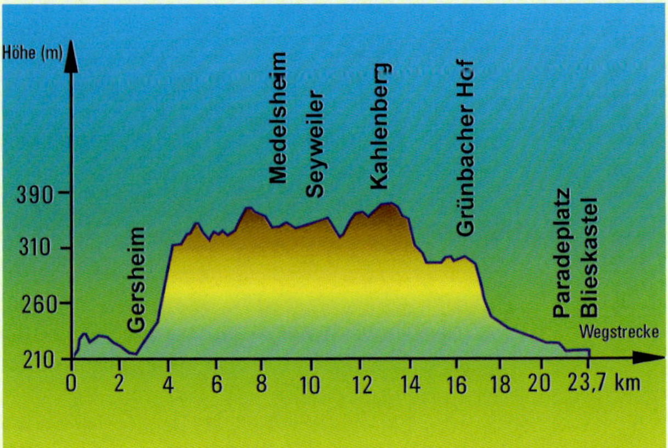

Höhenprofil - 3. Etappe

Schon lange kein Geheimtipp mehr: Hämmerle's Restaurant in Blieskastel-Webenheim. Cliff und Stefanie Hämmerle bieten gemeinsam mit ihrem Team eine Landhausküche mit Pfiff und Raffinesse.

Wegbeschreibung

Der europ. Kulturpark Bliesbruck-Reinheim

Wir starten unsere Wanderung am Europäischen Kulturpark Bliesbruck-Reinheim. Der Park verdankt seine Realisierung einer intensiven Zusammenarbeit zwischen dem Generalrat des Département Moselle – in Kooperation mit dem französischen Kultusministerium – und dem Saarpfalz-Kreis mit Unterstützung der Landesregierung des Saarlandes und der Gemeinde Gersheim. An der deutsch-französischen, saarländisch-lothringischen Grenze ist ein einzigartiges Projekt grenzüberschreitender Zusammenarbeit verwirklicht worden.

Das Grab der keltischen Fürstin, die römische Villa, der Vicus (römisches Dorf) und die gallo-römischen Thermen bezeugen eine über 6000-jährige wechselvolle Geschichte, die hier auf engstem Raum unter der Erde verborgen liegt und nach und nach ihre Geheimnisse preisgibt.

Unser Weg führt durch den Kulturpark, bis wir an der Brücke über die Blies angekommen sind. Wir halten uns nach rechts, über die Straße Am Staaten erreichen wir bald den Bliestal-Freizeitweg, dem wir nach links folgen. Als die Bliestalbahn 1991 den Verkehr zwischen Reinheim und Lautzkirchen einstellte, ahnte niemand, dass die stillgelegte Bahntrasse neun Jahre später eine Renaissance erfahren würde – in Form des Bliestal-Freizeitweges.

Nach 3,1 Kilometern erreichen wir den Verkehrsknotenpunkt von Gersheim. Hier treffen die Bliesstraße, die Bahnhofstraße und die Schulstraße zusammen. Wir müssen bergan, folgen der Schulstraße mit der Beschilderung zur Gersheimer Gesamtschule. Hinter der Schule bringt uns ein geteerter Feldwirtschaftsweg vorbei an der Kneippanlage immer weiter nach oben und schon bald in

Wanderpause

den Wald. Es wird der einzige nennenswerte Anstieg des Tages bleiben, aber noch haben wir die Kammspitze nicht erreicht.

Wegkreuz in Medelsheim

Wer im Frühjahr hier in den Wald eintaucht, wird durch einen einzigartigen, intensiven Geruch belohnt. Der Bärlauch bedeckt hier ganze Hügel im Wald. Es duftet würzig und herb. Bald wird der Weg flacher, die Straße zwischen Gersheim und Medelsheim muss überquert werden. Wir folgen der rot/weißen Markierung weiter durch den Wald und dann wird plötzlich die Sicht frei. Der Bliesgau und die dazugehörige „Parr" mit den Orten Medelsheim, Peppenkum, Utweiler und Riesweiler liegt uns zu Füßen. Dazwischen buntes Hügelland mit Feldern, Wiesen und Weiden, alte Streuobstwiesen und wie mit einem dicken Bleistift gemalte alte Pfade und Wege. Unten im Tal die Bickenalb, der Mühlbach und der Simbach. Mittendrin der Wanderweg, der uns gegen Osten bringt und hier längere Zeit auf dem Höhenrücken entlangführt. Für kurze Zeit sind wir parallel zum Kreuz-Wanderweg unterwegs, später überqueren wir in der Nähe des Birkenhofes die Landstraße zwischen Seyweiler und Walsheim. Seyweiler und Neualtheim bleiben rechter Hand am Wegesrand, ehe wir den Rastplatz am Kahlenberg kurz vor Böckweiler nutzen werden.

Nur wenige Meter vom Rastplatz entfernt, ließ der adlige Gutsbesitzer Alexandre des Valespine 1893 mitten im Wald einen Turm erbauen. Der Turm sollte dem Naturliebhaber eine noch bessere Aussicht über die Landschaft gewähren. Viel ist nicht geblieben vom Alexanderturm auf dem Kahlenberg. Das Fundament

Reste des Alexanderturms

und das Erdgeschoss sind noch erkennbar, im Innern des Turms führt eine Wendeltreppe ins Nichts. Die Natur hat ihn schon fast zurückerobert.

Leider müssen wir den Höhenweg verlassen. Es geht bergab, während wir die Straße zwischen Böckweiler und dem Neukahlenberger Hof überqueren. Wir kommen in den Grünbachwald, der uns bis zum Grünbacher Hof Schatten spenden wird.

Grünbacher Hof

Seit 1761 besteht das Gehöft mit seinen Stallungen, Scheunen und Wohngebäuden. Im Hof spendet ein Brunnen frisches Wasser. Der Wanderweg führt mitten durch den einsam liegenden Bauernhof, und entlang des Schelmenbaches erreichen wir durchs Grünbachtal den Ortsanfang von Mimbach.

Wir halten uns rechts und folgen der Breitfurter Straße. In der Ortsmitte verlassen wir die Straße wieder, folgen dem Hinweis Alte Mühle durch die Mühlgasse. Herausgeputzte Bauernhäuser mit ihren Gärten, stille Winkel und schattige Gassen liegen am Wegesrand. An der Alten Mühle erreichen wir die Blies, die uns bis zum Endpunkt der Wanderung nach Blieskastel begleitet.

Aus dem Tagebuch von... Marco Muhar

Nach ein paar Kilometern gibt der Wald die Sicht frei - was für ein Ausblick!

Blick in die Parr

Man will spontan applaudieren, aber das traut man sich dann doch nicht.

Vor uns, unter uns, Medelsheim mit seiner Kirche, umgeben von grünen Hügeln, die sich kilometerweit bis nach Frankreich, Zweibrücken und Pirmasens erstrecken. Hecken, Obstbäume und kleinere Wäldchen gliedern die Felder, darüber ein zerrissener bewegter grauer Himmel.

Dass es im Saarland genug Land gibt für so eine Aussicht?

Hier muss ich unbedingt noch einmal hin, viel Zeit mitbringen und einen gut gefüllten Picknickkorb.

Immer auf dem Berg entlang Richtung Osten geht es weiter: Linker Hand bedeckt Wald den Kamm, rechts eröffnen sich immer wieder neue Ausblicke auf Hügel, Dörfer, Wäldchen und Alleen.

Immer wenn man glaubt, dass es jetzt wirklich genug gewesen ist, kommt hinter der nächsten Biegung ein neues Panorama.

Vom Blieskasteler Schloss zur Kirkeler Burg

Vom ehemaligen Schloss in Blieskastel ist nur noch die Orangerie erhalten. Die barocke Altstadt ist heute mit über einhundertfünfzig Einzeldenkmälern eine Art Denkmalschutzgebiet „Alt Blieskastel". Neben der Orangerie hat die Stadt bemerkenswerte Haltepunkte für mehr als nur einen Augenblick. Von der Altstadt geht es zunächst auf die Bliesgauhöhen, wo der größte Menhir Deutschlands auf Besucher wartet.

Anschließend führt der Wanderweg ins Tal und findet auf ausgedehnten Waldwegen sein Ziel in Kirkel. Bereits von weitem erkennt man den Turm der Kirkeler Burg, die aus dem 11. Jhd. stammt. An der Burg angekommen gewährt der Aussichtsturm einen wunderbaren Panoramablick.

Stadtporträt

1998 beging Blieskastel die 900-Jahr-Feier seiner urkundlichen Ersterwähnung. Die Erschließung des Raumes lässt sich wesentlich weiter zurückdatieren, denn ein sieben Meter hoher Menhir bezeugt die frühe Besiedlung Blieskastels.

Weitere Sehenswürdigkeiten sind die 12 hallstattzeitlichen Grabhügel links der Straße Böckweiler-Mimbach, die Relikte einer römischen Villa bei Bierbach, der 1987 in einem Grab entdeckte 2 m große „keltische Riese“ und die beiden schon 1887 in einem Steinbruch bei Breitfurt aufgefundenen römischen Reiterstandbilder. 1000 Jahre besteht die frühromanische Stephanus-Kirche im heutigen Stadtteil Böckweiler. Um 850 errichteten Mönche des Benediktinerordens die älteste Kirche des Saarlandes. Die erste sichere Bestätigung einer Siedlung „villa Castris“ (bei der Burg) datiert vom Jahre 1275.

Im Hinnereck

Blieskastel, oft als „barockes Kleinod“ des Saarlandes bezeichnet, ist eng mit dem Geschlecht derer von der Leyen verknüpft, die das Land an der Blies über mehrere Generationen als Lehen in ihrem Besitz hatten.

Ein großer Aufstieg begann für Blieskastel nach 1733, als der regierende Reichsgraf Franz Carl von der Leyen und seine Gemahlin Marianne ihre Residenz nach Blieskastel verlegten.
Damit begann die Glanzzeit der Stadt. Von der regen Bautätigkeit des Grafen zeugen noch heute stattliche Palais in spätbarockem Stil, die Schlosskirche sowie der großzügig gestaltete Paradeplatz.

Der Paradeplatz in Blieskastel

Als der regierende Graf starb, übernahm seine Witwe die Amtsgeschäfte. 1793 konnte sie sich der drohenden Verhaftung durch französische Revolutionstruppen nur durch eine abenteuerliche Flucht entziehen. Blieskastel wurde – wie das ganze linksrheinische Gebiet – von Truppen der Französischen Republik erobert.

Um den Weiher des Blieskasteler Stadtteiles Niederwürzbach, einem Naherholungsgebiet, gruppieren sich mit dem „Roten Bau", dem „Annahof" und dem Rest der „Philippsburg" noch barocke Bauten aus der Marianne v. d. Leyen Zeit. Nach der kommunalen Gebiets- und Verwaltungsreform von 1974 bildet die alte Stadt Blieskastel mit nunmehr 15 Stadtteilen eine neue Verwaltungseinheit. Mit etwa 3.000 ha Forst ist Blieskastel eine der waldreichsten Kommunen des Saarlandes.

Aufgrund des Heilklimas wurde Blieskastel staatlich anerkannter Kneipp-Kurort. Blieskastel ist auch bekannt als Wallfahrtsort. Tausende pilgern jährlich zur sagenumwobenen Pieta „Unsere liebe Frau mit den Pfeilen", in die über 300 Jahre alte Heilig-Kreuz-Kapelle. Vor dieser stehen auch noch zwei Kreuze, die als die ältesten Großplastiken des 17. Jhd. im Saarland gelten.

Parken: Rund um die Altstadt von Blieskastel steht genügend Parkraum zur Verfügung.

Wegstrecke: 10,6 km

Startpunkt: Paradeplatz am Alten Rathaus

Informationen: Saarpfalz-Touristik, Homburg, Telefon: 06841 / 104-190 bis 194, Verkehrsamt Blieskastel, Telefon: 06842 / 5 20 75, Gemeinde Kirkel, Heimat- und Verkehrsverein e.V., Telefon: 06841 / 80 98-0

Wegmarkierung: rot/weißes Rechteck

Einkehren: gemütliche Kneipen, Cafés und Restaurants im gesamten Stadtgebiet von Blieskastel, Gollenstein-Hütte des Pfälzerwald-Vereins, Telefon: 0 68 42 / 5 15 44, Rützelerie Geiß, Kirkel, Telefon: 0 68 49 / 13 81, Naturfreundehaus Kirkel, Telefon: 0 68 49 / 3 85, Jugend- und Wanderheim des Pfälzerwald-Vereins Kirkel, Telefon: 0 68 49 / 12 30

Übernachten: Ressmann's Residence, Hotel und Restaurant, Kirkel, Telefon: 0 68 49 / 9 00 00

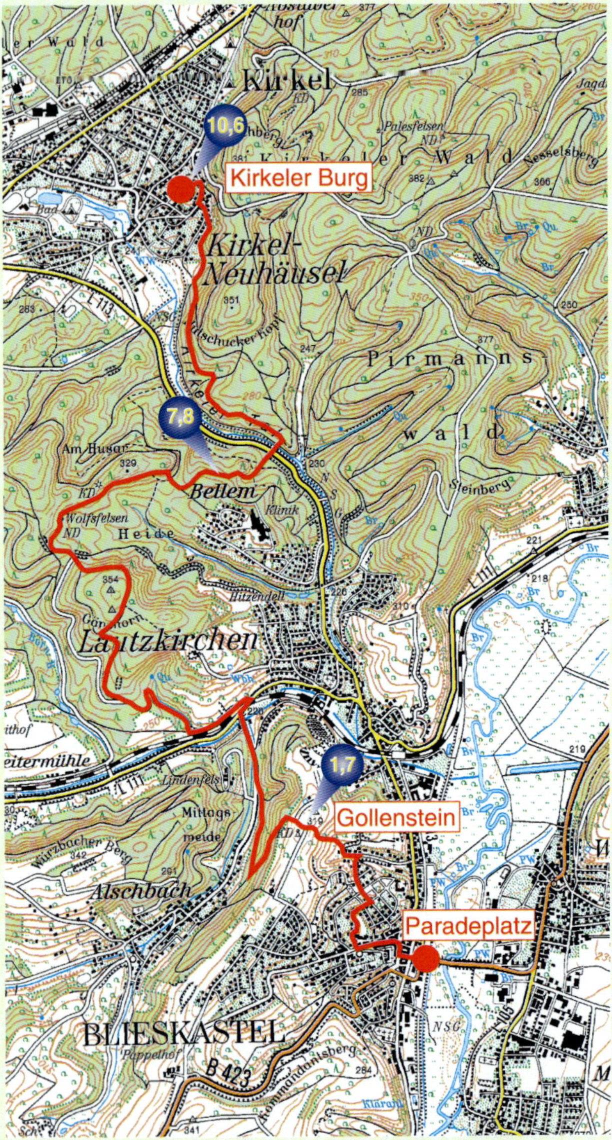

Kirkel
10,6
Kirkeler Burg
Kirkeler Wald
Palesfelsen
Kirkel-Neuhäusel
Pirmannswald
7,8
Am Husar
Bellem
Wolfsfelsen
Heide
Klinik
Steinberg
Hitzendell
Lautzkirchen
1,7
Gollenstein
Lindenfels
Mittagsweide
Würzbacher Berg
Alschbach
Paradeplatz
BLIESKASTEL
Pappelhof
B 423
Kommandantsberg

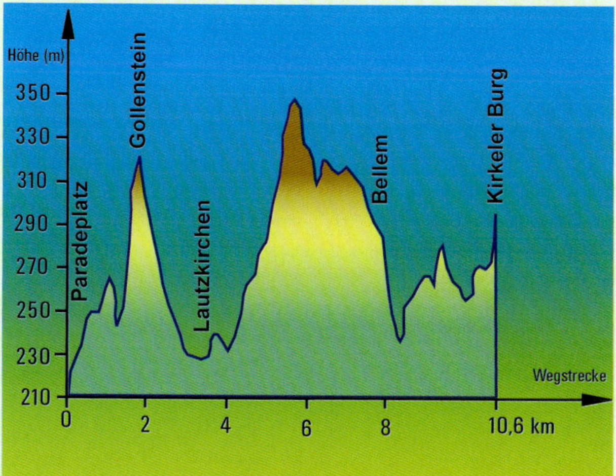

Höhenprofil - 4. Etappe

Hören, was ein Land fühlt.
SR 3
SAARLANDWELLE
Meine Heimat.
Meine Musik.

WEGBESCHREIBUNG

Vom Paradeplatz bringen uns verschiedene Markierungen auf den richtigen Weg: Zum einen der Hinweis zum Verkehrsamt, zum andern der Hinweis zum Gollenstein und zum dritten die rot/weiße Markierung des Pfälzerwald-Vereins zum Saarland-Rundwanderweg. Wir müssen durch die Poststraße und durch die Schloßbergstraße, vorbei an den ehemaligen Bürgerhäusern. Dann beginnt der Anstieg. Bald folgen wir nach rechts der Beschilderung Fußweg zum Kloster durch die Straße Im Maitälchen.

Am Klostergarten haben wir dann den ersten Teil des Anstiegs geschafft. An der Klosteranlage mit der Heilig-Kreuz-Kapelle sollte man nicht achtlos vorbeiwandern. Tausende pilgern jährlich zur historischen und sagenumwobenen Pieta „Unsere Liebe Frau mit den Pfeilen“ in die über 300 Jahre alte Kapelle.

Vom Parkplatz des Klosters führt uns dann der Weg weiter nach oben. Über die Straße In der Wolfskaut erreichen wir die Gollenstein-Hütte des Pfälzerwald-Vereins. Den Blick von hier über die Bliestal-Auen bis weit hinter Bierbach sollte man sich wirklich nicht entgehen lassen. Ein Gedenkstein im Garten der Hütte erinnert an Otto Ferdinand Linck. Der 1868 in Blieskastel geborene und 1918 in Ludwigshafen gestorbene Linck war Mitbegründer des Pfälzerwald-Vereins, der am 27.11.1902 in Ludwigshafen gegründet wurde. Von der Hütte zurück zum Weg, der weiter nach oben führt. Zur Anhöhe ist es nicht mehr weit, der Gollenstein - ein Kirchturm der Vorzeit - erwartet uns.

DER GOLLENSTEIN
(von Hans Cappel)
Direkt am Wanderweg auf der Höhe zwischen Blieskastel und Alschbach steht der Gollenstein, im Volksmund „dem Riesen Goliath sein Wetzstein" genannt. Er gilt als Wahrzeichen des Bliesgaus und ist ein Markstein der Geschichte unseres Landes. Zirka 100 Meter über dem Bliestal steht der Wanderer und betrachtet das vielleicht älteste Bau- und Kulturdenkmal Deutschlands, sicherlich aber den größten „Menhir" (keltisch: langer Stein) in Mitteleuropa. Fachleute behaupten, dass es vielleicht ein Fehler war, diesen Steinen einen keltischen Namen zu geben, sind doch die Menhire mindestens 1000 Jahre älter als die Kelten.

Der Gollenstein

Der Stein wurde vor zirka 5000 Jahren von Menschenhand bearbeitet, vom Tal auf den Berg geschleppt und dort aufgerichtet. Wegen seiner Bearbeitung darf der Stein auch als Baudenkmal bezeichnet werden. Nach dem Urteil verschiedener Archäologen stellt er auch ein steinzeitliches Kunstwerk dar. Der Monolith aus Sandstein ragt 6,70 Meter in die Höhe, etwa 1 Meter tief steckt er in der Erde.

Hans Cappel

Nach Ansicht eines Geologen ist der Gollenstein aus Schichten der Felszonen des Buntsandsteins beschaffen, die hier nur in den Talgründen anstehen.

In unserer saarpfälzischen Heimat werden solche Kulturdenkmäler als „Hinkelsteine“ bezeichnet, abgeleitet und verballhornt von „Hühnerstein“ oder „Hünenstein“, das eigentlich lediglich „großer Stein“ heißen soll.

Die Tatsache, dass der mächtige Stein schon so lange steht, nährt die Gewissheit, dass zur Zeit seiner Aufrichtung in der jüngeren Steinzeit viele Menschen hier gelebt haben. Bis 1939 bestand der Stein aus einem Stück. Bei Ausbruch des Zweiten Weltkrieges wurde er aus strategischen Gründen umgelegt. Dabei zerbrach er in mindestens vier große Stücke. 1951 wurde er wieder zusammengesetzt und aufgestellt. Im Jahre 2002 hat man ihn einer gründlichen Inspektion unterzogen, um den Verfall hinauszuzögern.

„Nahe Verwandte“ des Gollensteins stehen in Rentrisch (Spellenstein), in Martinshöhe (Martinsstein) und bei Götzenbrück in Lothringen (Zwölf-Apostel-Stein). Kirchtürme der Vorzeit wurden die Steine genannt, sie wurden aber auch als Teufelssteine und Heidensteine bezeichnet, womit nach Meinung eines Volksforschers ihre vorchristliche, religiöse Bedeutung unterstrichen wird. Der Gollenstein ist schon als Grenzstein aus der Keltenzeit bezeichnet worden, auch heute noch ist er Grenzmarke. Geschichtlich gesehen ist er ein „Zeitgrenzstein“. Er steht nämlich für eine Zeit, in der die Menschen in unserem Lebensraum vom Jäger und Sammler zu Ackerbau und Viehzucht übergingen. Sie wurden also sesshaft. Ein Prozess, der mehrere Jahrhunderte dauerte und heute als „neolithische Revolution“ bezeichnet wird.

Es hat schon viele Versuche gegeben, den Namen des Gollensteins zu deuten. Vom Lateinischen „Colus“ (Spinnrocken) soll er abgeleitet worden sein. Die Bezeichnungen „Gallierstein“ (Keltenstein), „Gothenstein“ und „Galgenstein“ sind ebenfalls bekannt. Es gibt auch Versuche, den Namen von „Gold“ abzuleiten. Auf einer Landkarte von 1564 wird er als „Güldenstein“ und „Pirmanstein“ (nach dem Heiligen Pirminus) bezeichnet. Die goldgelb blühenden Ginsterbüsche, im Volksmund „Bremme“, lassen diese Rückschlüsse zu.

Schon immer soll es nachts am Gollenstein spuken. Gespenster sollen dort ihr Unwesen treiben. Und schon oft soll sich der Gollenstein umgedreht haben, um nachzusehen, ob sich die Wanderer auf dem rechten Weg befinden.

Vom Gollenstein folgen wir der Wegführung ins Tal. Wir lassen Alschbach hinter uns und folgen der Wegführung entlang der Straße, die Alschbach mit Lautzkirchen verbindet. Wer das Glück hat im Frühsommer hier vorbeizukommen, wird überwältigt vom Anblick wunderbar blühender Rhododendronsträucher. Der bewachsene Hügel gehört zum nahe gelegenen Gut Lindenfels, bekannt als Baumschule und für seinen Rhododendron-Park.

Wir überqueren die Straße, welche von Lautzkirchen nach Niederwürzbach führt, über die Gemarkungen Gänshorn und Wolfsfelsen erreichen wir das Wohngebiet Bellem an den Bliestal-Kliniken außerhalb von Blieskastel.

Rhododendron

Unten in der Talsohle angekommen muss die Verbindungsstraße zwischen Blieskastel und Kirkel überquert werden.

Durchs Kirkeler Tal erreichen wir den Ortsteil Kirkel-Neuhäusel. Die Burg, unser heutiges Etappenziel, mit der herrlichen Aussicht auf das umliegende Land, erwartet uns.

Die Kirkeler Burg

Aus dem Tagebuch von... Ricarda Wackers

Grüße aus der Vorzeit.

Grüße aus der Vorzeit...

Vier- bis fünftausend Jahre soll er alt sein, der größte Menhir Mitteleuropas. Wer ihn errichtet hat, ist unbekannt. Die Kelten waren es nicht. Die sind, berichtet Wanderführer Hans Cappel, genauso an dem Monolithen vorbeigewandert wie wir.

Das Schauspiel jedenfalls, das sich hier oben bietet, ist einmalig: Wild aufgetürmte graue Wolkenfetzen und das vor diesem Hintergrund fast phosphoreszierende Pflanzengrün bilden die Kulisse für den in die Höhe ragenden Stein.

Die Szenerie strahlt etwas Seltsames, vielleicht auch Mystisches aus.

Man kann sich gut vorstellen, dass dieser Stein einmal kultischen Zwecken gedient haben könnte.

Wohin der Weg
auch führt...
...wir führen Ihr
Girokonto
gebührenfrei* !
* Wir führen Lohn-, Gehalts- oder Rentenkonten
für Mitglieder - schon immer gebührenfrei.
Kommen Sie zur Sparda-Bank!
Sparda-Bank
freundlich & fair
Sparda-Bank Südwest eG
Beethovenstraße 21-23 · 66111 Saarbrücken · Tel. (06 81) 30 94-0
Weitere Geschäftsstellen in Rheinland-Pfalz und im Saarland
www.sparda-sw.de

Vom Felsenpfad zur Universitätsstadt

Gleich zu Beginn der Wanderung wartet auch der längste Anstieg des Tages. Im Kirkeler Wald wurde ein geologischer Wanderweg angelegt, der an dem zu allen Jahreszeiten tropfenden Wasserfelsen beginnt. Geologen sprechen von einer Schichtquelle. Im Winter, bei Minusgraden, gefrieren die Tropfen und bilden zum Teil meterlange Eiszapfen. Nach dem Kirkeler Felsenpfad geht es über ein gut ausgebautes Wanderwegenetz zunächst zur Klosterruine Wörschweiler.

Das Freilichtmuseum unten im Tal in Schwarzenacker lädt zu einem Abstecher in die Römerzeit. Durchs Lamsbachtal, vorbei an der Waldgaststätte Emilienruhe erreicht man über das Universitätsgelände das Ziel, die Kreisstadt Homburg.

Ortsporträt

Im Städteviereck Homburg – Blieskastel – St. Ingbert – Neunkirchen liegt die seit 1974 bestehende Gemeinde Kirkel. Die früheren Gemeinden Limbach und Altstadt sowie Kirkel-Neuhäusel wurden zu dem neuen Gemeinwesen zusammengeschlossen. Höchste Erhebung ist der Hirschberg mit 380 Metern. Altstadt waren etwa ab 1800 in einer Bürgermeisterei vereint, der in der Zeit von 1876 bis 1884 auch Kirkel-Neuhäusel angehörte.

Wahrzeichen des Ortes ist zweifellos die Burg, welche die Geschichte von Kirkel prägte. Die Anfänge datieren vermutlich aus dem 11. Jhd..

Kirkeler Burg

Die drei Ortsteile der Gemeinde haben eine gemeinsame Historie. So wird in einem Lehensbrief von 1431 das Dorf Limbach im Zusammenhang mit der Feste Kirkel erwähnt. Andererseits war Limbach bereits im frühen Mittelalter Sitz einer Schultheißerei. Limbach und

Zunächst für die Überwachung der alten Kaiserstraße gedacht, gestaltete man hier eine wehrhafte Festung. Die Burg befand sich dann nacheinander im Besitz der Grafen von Saarwerden, der Herren von Kirkel und – von 1410 bis 1793 – der Herzöge von Zweibrücken. Herzog

Johann I. baute die Burg im 16. Jhd. aus und machte sie zum Lieblingsaufenthalt seiner Familie. Im Dreißigjährigen Krieg kam die endgültige Zerstörung. Der Nachwelt blieben nur einige Ruinen und der nördliche Turm erhalten. 1988 entstand am Aufgang der Burg ein Museum, welches in einem Gebäude des 18. Jhd. untergebracht ist und den hiesigen kleinbäuerlichen Haustyp repräsentiert. In drei Etagen wird die Geschichte des Ortes und der Burg Kirkel dargestellt.

Am ersten Wochenende im August findet der Kirkeler Wurstmarkt als größtes Volksfest im Umkreis statt und bietet zur Eröffnung immer freitags ein Höhenfeuerwerk. Während der Sommermonate findet auf der Burgruine der „Kirkeler Burgsommer" statt. Er eröffnet Kindern und Erwachsenen einen Blick in das Zeitalter von Rittern, Knappen und Handwerkern. Im Handwerkerdorf vergisst man den Alltag: Steinbildhauerei, Töpferei, Schmiede, Näherei, Bäckerei und weitere Einrichtungen laden zum aktiven Mitmachen ein. Die Ritterrunde am Lagerfeuer und das Nachtlager im Heu werden für jeden ein unvergessliches Erlebnis sein.

Die Darbietungen von Künstlern mit Musik, Tanz, Gaukelei und Ritterspielen ziehen alljährlich die Besucher in ihren Bann.

Parken: Marktplatz von Kirkel in der Wielandstraße

Wegstrecke: 15,0 km

Startpunkt: am Waldrand am Kohlroter Weg

Informationen: Saarpfalz-Touristik, Homburg, Telefon: 0 68 41 / 1 04-1 90 bis 1 94, Gemeinde Kirkel, Heimat- und Verkehrsverein e.V., Telefon: 0 68 41 / 80 98-0, Kultur- und Verkehrsamt Homburg, Telefon: 0 68 41 / 1 01-1 66 bis 1 68, Römermuseum Schwarzenacker, Telefon: 0 68 48 / 8 75

Wegmarkierung: rot/weißes Rechteck

Einkehren: Römerhaus, Schwarzenacker, Telefon: 0 68 48 / 73 09 25, Waldgaststätte Emilienruhe, Telefon: 0 68 41 / 53 93

Übernachten: Hotel Stadt Homburg, Telefon: 0 68 41/13 31, Landhaus Rabenhorst, Telefon: 01 72 / 2 12 81 23, Hotel Euler, Telefon: 0 68 41 / 9 33 30

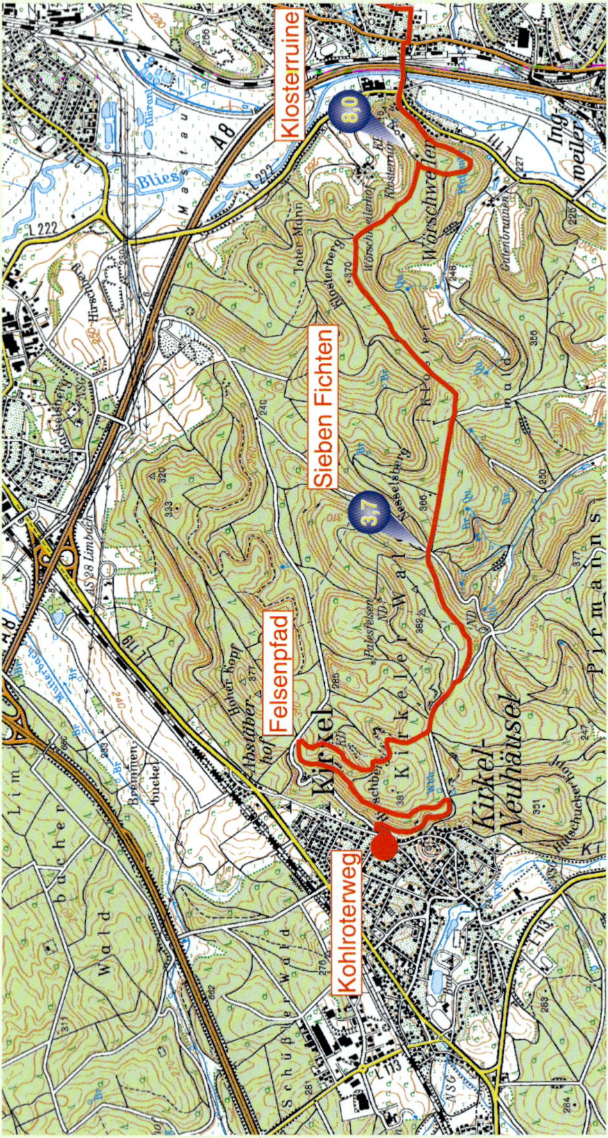
Klosterruine
8,0
Sieben Fichten
3,7
Felsenpfad
Kohlroterweg
Kirkel
Kirkel-Neuhäusel
Wörschweiler
Blies
A8

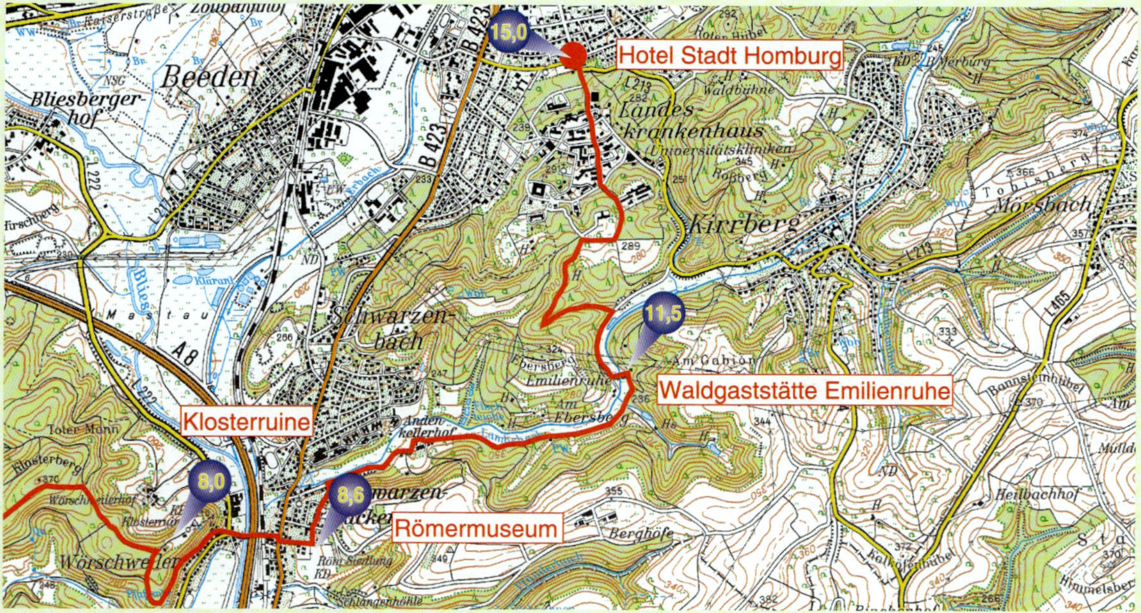
Hotel Stadt Homburg
15,0
11,5
Waldgaststätte Emilienruhe
Klosterruine
8,0
8,6
Römermuseum
Beeden
Bliesberger-hof
Landes-krankenhaus
Kirrberg
Schwarzen-bach
Mörsbach
Tobisberg
Emilienruhe
Heilbachhof
Berghöfe
Wörschweiler
Toter Mann
Klosterberg
Bannsteinhübel
Kalkofenhübel
Waldbühne
Blies
A8
B 423
L 213
L 222
L 465

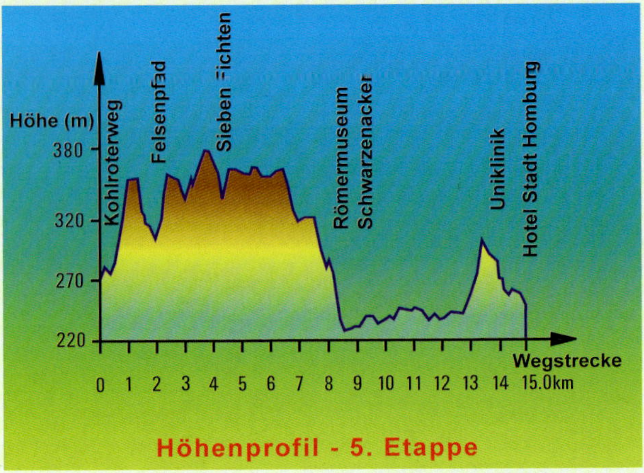

Höhenprofil - 5. Etappe

Wegbeschreibung

Kirkeler Felsenpfad

Am Kohlroter Weg, der am Limbacher Weg endet, beginnen wir die heutige Tagesetappe. Der Kirkeler Felsenpfad, der als geologischer Lehrpfad angelegt wurde, beginnt hier am Waldrand. Für zirka 2,0 km liegen der Saarland-Rundwanderweg und der Felsenpfad auf der gleichen Wegtrasse. Bereits nach wenigen Minuten erreichen wir den so genannten Wasserfelsen. Von hier hat man nochmals einen herrlichen Blick über Kirkel und die über dem Ort thronende Burg.

Auf den nächsten zwei Kilometern wandern wir an Gesteinsformationen wie Porphyr, Kuselit, Dolomit, Buntsandstein, Holzer Konglomeratstein und Hunsrückschiefer vorbei. Man erhält somit einen eindrucksvollen Querschnitt durch die Steine des Erdzeitalters, die hier zusammengetragen worden sind.

Bilder wie im Märchen erwarten uns: Durch Auswitterung entstandene Steinschichtungen, größere und kleinere Höhlenbildungen, überragende Felsformationen. Man glaubt hinter jedem Fels, hinter jeder Wegbiegung müsse ein kleiner Troll oder Waldschrat hervorlugen.

Wenn man Glück hat – vor allem an trockenen Tagen – sieht man Wolfgang Kraus, den ehemaligen Nationaltrainer der Kletterer, mit seinen Schützlingen in der Wand hängen. Die Buntsandstein-Kletterfelsen bieten ideale Bedingungen zum Üben und Erlernen dieser faszinierenden Sportart.

Der Felsenpfad

Ohne größere Anstrengungen, den Kopf voller Bilder, verlassen wir den Kirkeler Felsenpfad, der über eine Schleife wieder hinunter ins Tal führt.

Mitten im Kirkeler Wald erreichen wir dann nach 3,7 km eine Wegspinne, die den Namen Sieben Fichten trägt. Wer Lust zur ersten Rast hat – die Schutzhütte an der Wegspinne bietet Unterschlupf. Über das Waldgebiet Klosterberg, oberhalb von Bierbach, gelangen wir zur Klosterruine Wörschweiler.

Reste der Westfassade der ehemaligen Klosterkirche lassen erkennen, dass auf diesem Bergrücken hoch über der Blies einmal eine imposante Anlage gestanden hat. Graf Friedrich I. von Saarwerden gründete 1131 oberhalb des heutigen Wörschweiler das Benediktinerkloster „Gloria Romanorum“. Die Gebäude brannten 1612 nieder, als ein Verwalter rund ums Kloster dichtes Laubwerk und Hecken anzündete, damit die ums Mauerwerk lebenden Schlangen vernichtet werden sollten. Das Kloster verfiel, und das Land, so Fred Oberhauser in seinem Buch „Das Saarland“ (Dumont Verlag), war um eine romantische Ruine reicher.

Der Wanderweg bringt uns hinab ins Tal nach Wörschweiler. Unten angekommen halten wir uns in der Bierbacher Straße nach links, überqueren die Blies, die Bahnlinie sowie die Autobahn und stehen vor dem Römer-Freilichtmuseum Schwarzenacker.

Die Römerstadt im damaligen Keltenland wurde vor etwa 2000 Jahren gegründet. Die

Klosterruine Wörschweiler

Alemannen zogen später übers Land und zerstörten die Stadt 275 n. Chr.. Das Freilichtmuseum mit rekonstruierten Gebäuden, Außenanlagen, Straßen und Kanälen gewährt einen Einblick in eine längst vergangene Epoche. Der prachtvoll angelegte Barockgarten verbindet das 1725 entstandene Edelhaus mit dem Freilichtmuseum. Im Edelhaus können wichtige Funde aus Haushalt, Handwerk und Kunst besichtigt werden. Seit September 2003 sind 28 Bilder aus der Alten Pinakothek in München zu bewundern. Vor rund 200 Jahren haben einige von ihnen zur Gemäldesammlung im Homburger Schloss Karlsberg gehört. Der Maler und Erbauer des Schlosses, Johann Christian von Mannlich, hatte die Sammlung vor

Römermuseum Schwarzenacker

Künstlern aus der Pfalz-Zweibrücker Malschule.

Vom Römermuseum folgen wir der Beschilderung. Anschließend geht es ins lang gezogene Lamsbachtal. An der Waldgaststätte Emilienruhe überqueren wir den Lamsbach, passieren einige Weiher und verlassen schon bald das Lamsbachtal nach links. Nach wenigen Metern müssen wir nochmals für ein kurzes Stück steil nach oben. Die ersten Häuser der Universität von Homburg werden sicht-

Römermuseum Schwarzenacker

den Truppen der französischen Revolution gerettet. Die Bilder stammen zum einen von Mannlich selbst, zum anderen von

bar. Über das Universitätsgelände erreichen wir die Stadtgrenze von Homburg.

Alter Markt in Homburg

Aus dem Tagebuch von... Marco Muhar

Kleine Kulturgeschichte der Wanderhose

Abwechslung gibt es auch hier: Klassik, Romantik, Moderne und Klassizismus lassen sich in der Wandermode unterscheiden.

Klassisch ist die traditionell-praktische Kniebundhose mit gefädelter Seitschnürung. Der Blick auf die Wade bleibt frei.

Der Romantiker fügt dieser Grundkonstellation verzierte Strümpfe hinzu, auch der Hosenstoff wird durch zumeist florale Ornamentik und Lederoptik geschmückt. Der Freischütz lässt grüßen. Könnte es einen größeren Kontrast geben als der zwischen romantischem Kniebund und moderner Jeans? Die Amerikanisierung erobert anscheinend auch letzte europäische Bastionen. Dagegen gibt es eigentlich nur eines einzuwenden: Bei Regenwetter ist Denim wirklich nicht zu gebrauchen, hier haben die Jägersleut' den Cowboys einiges voraus.

Der Klassizismus schließlich beruft sich auf die bewährten Schnittmuster der Klassik, setzt sie aber mit zeitgenössischem Material um. Klettverschlüsse ersetzen Schnallen, Mikrofasern den Cordstoff. Eines ist allen gemeinsam – Klassikern, Romantikern, Modernen, Klassizisten – nass werden sie bei Regen alle.

Vom Karlsberg zum Jägersburger Weiher

Schloss Karlsberg war ein bedeutendes Landschloss des 18. Jhd. Bereits sieben Jahre nach seiner Vollendung wurde das 14 Millionen Gulden teure Schloss von französischen Revolutionstruppen niedergebrannt und später als Steinbruch benutzt. Leider sind nur noch wenige Überreste zu erkennen.

In Homburg unter dem Schlossberg gibt es die größten Buntsandsteinhöhlen Europas mit mächtigen Kupelhallen und kilometerlangen Gängen. Die Höhlen gehörten zur Festung Hohenburg, die bereits 1714 zerstört und geschleift wurde. In unmittelbarer Nähe der ehemaligen Burg wird seit 1878 Bier gebraut, das von Homburg in die ganze Welt verschickt wird. Der Weg führt durch die Außenbezirke der Kreisstadt Homburg, meist über Waldwege. Übers Homburger Königsbruch erreicht man die herrlich gelegene Weiheranlage von Jägersburg, ehe man am Ortsrand von Bexbach das Etappenziel erreicht.

Stadtporträt

In seinem Stadtwappen führt Homburg eine Linde. Sie deutet an: Homburg ist die Stadt des Baumes. Wälder um das Stadtgebiet, Parks und Grünanlagen in der City laden ein zum Wandern und Verweilen. Die Hohenburg war im 12. Jhd. Sitz der Grafen von Homburg, die im Jahre 1330 durch einer starken Festung ausbauen. Die Grundstruktur der Altstadt stammt aus dieser Zeit. Die Festungsanlagen wurden zwischen 1697 und 1714 geschleift. Seit 1981 werden die eindrucksvollen Ruinen auf dem Schlossberg freigelegt und restauriert. Homburg ist heute ein bedeutendes Wirtschaftszentrum im Saarpfalz-Kreis.

Homburg Alter Markt

Ludwig den Bayern für ihre Stadt am Fuße des Schlossbergs die Stadtrechte erhielten. Nach dem Tod des letzten Grafen von Homburg fielen Burg und Stadt 1449 an die Grafen von Nassau-Saarbrücken. Diese bauten in der 2. Hälfte des 16. Jhd. die Burg in ein Renaissanceschloss um.

In der Reunionszeit ließ der französische König Ludwig XIV. durch seinen Festungsbaumeister Vauban Schloss und Stadt in den Jahren 1679 bis 1692 zu

Namhafte Firmen wie Bosch, Michelin, Krupp Gerlach und die Karlsberg Brauerei haben hier ihre Produktionsstätten und profitieren von einer günstigen Verkehrsanbindung. Produkte aus Homburg werden in alle Welt ausgeführt.

Nicht zu vergessen: Homburg ist Sitz der Medizinischen Fakultät und mit den Universitäts-Kliniken ein wichtiges Gesundheitszentrum des Saarlandes, das weltweit Anerkennung ge-

Homburger Flohmarkt

nießt. Der Campus mit seiner ansprechenden Architektur liegt in großzügigen Grünflächen inmitten einer malerischen Waldlandschaft.

Rund um den Stadtteil Jägersburg finden Wanderer und Spaziergänger Ruhe und Erholung in den Wäldern und an den Ufern der Weiher.

Die Klosterruine Wörschweiler, das Schlösschen Gutenbrunn und die Gustavsburg in Jägersburg bieten sich als nahe Ausflugsziele in den Stadtteilen an.

Parken: Ringstraße oder im Parkhaus an der Universität

Wegstrecke: 17,0 km

Startpunkt: Hotel Stadt Homburg

Informationen: Saarpfalz-Touristik, Homburg, Telefon: 0 68 41 / 1 04-1 90 bis 1 94, Kultur- und Verkehrsamt Homburg, Telefon: 0 68 41 / 1 01-1 66 bis 1 68, Kulturamt Stadt Bexbach, Telefon: 0 68 26 / 5 29-1 43

Wegmarkierung: rot/weißes Rechteck

Einkehren: Gustav Köhler Hütte des Pfälzerwald-Vereins, Bruchhof, Telefon: 0 68 41 / 7 12 06

Übernachten: Hotel Restaurant Hochwiesmühle, Bexbach, Telefon: 0 68 26 / 8 19-0

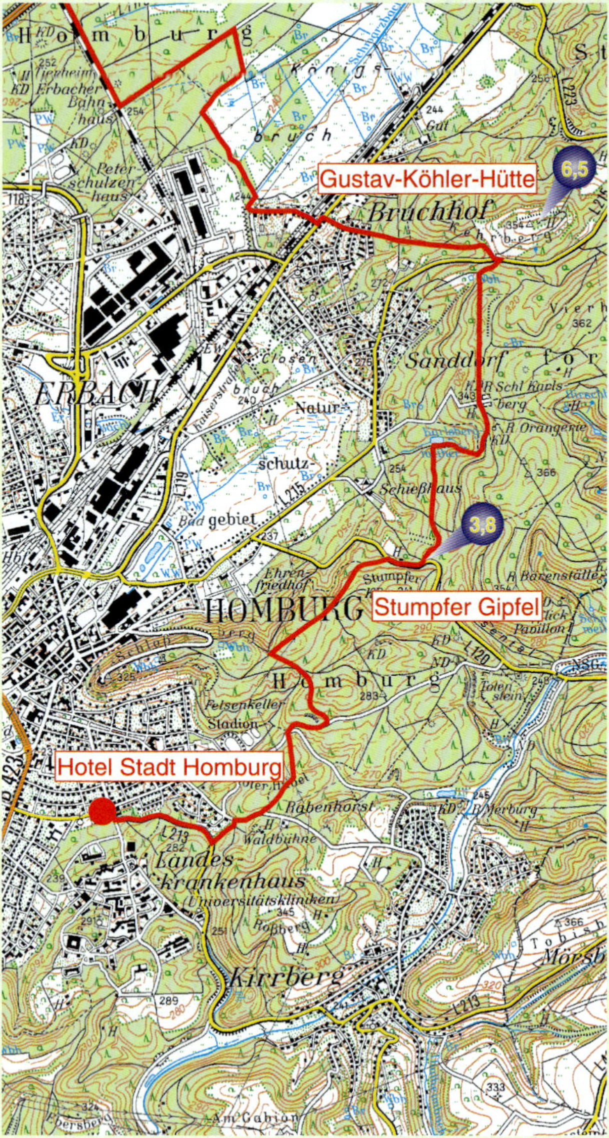
Gustav-Köhler-Hütte
6,5
Stumpfer Gipfel
3,8
Hotel Stadt Homburg
ERBACH
HOMBURG
Bruchhof
Sanddorf
Kirrberg
Landes-
krankenhaus
(Universitätskliniken)
Rabenhorst
Waldbühne
Stadion
Felsenkeller
Schießhaus
Natur-
schutz-
gebiet
Ehren-
friedhof
Merburg
Mörsb

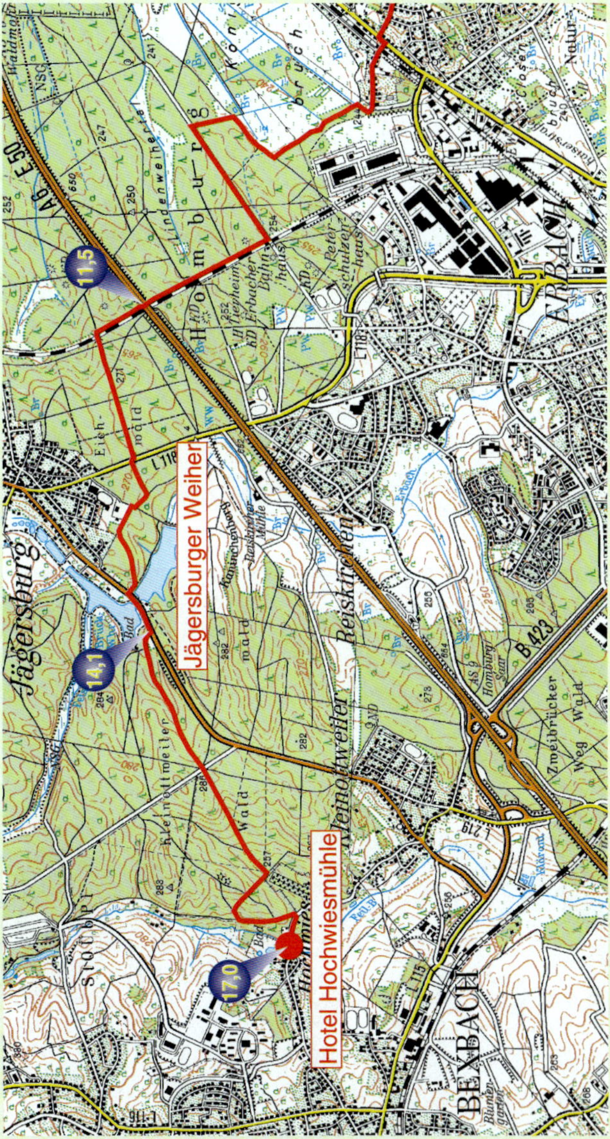
11,5
14,1
17,0
Jägersburger Weiher
Hotel Hochwiesmühle
Jägersburg
Bexbach
Erbach
Homburg
A6 E50
B 423
L 118
L 219

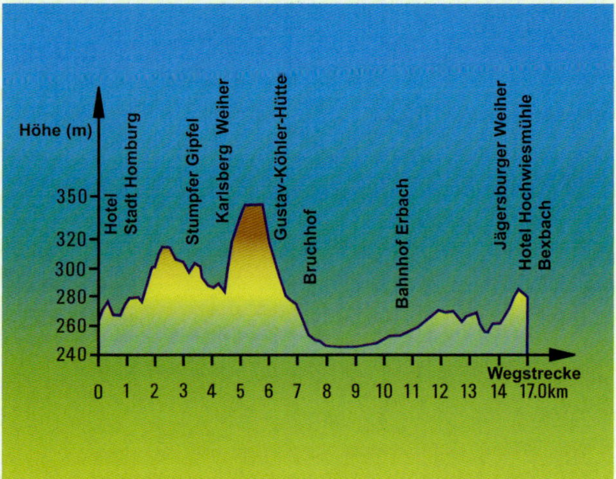

Höhenprofil - 6. Etappe

Wegbeschreibung

Am Jägersburger Weiher

Vom Hotel Stadt Homburg geht es in den Bereich der Uniklink und dort zum Gebäude der Anatomie. Über eine kleine Böschung gelangen wir zu einem Waldweg, dem wir bis zur Kirrberger Straße folgen. Die Kirrberger Straße verbindet die Außenbezirke von Homburg und führt an der Universität vorbei zum Ortsteil Kirrberg. Die Verbindungsstraße muss überquert werden. Oberhalb der Waldbühne wandern wir weiter. Das mitten im Wald liegende Hotel Restaurant Rabenhorst lassen wir rechter Hand liegen.

Über die Gemarkung Roter Hübel geht es aufwärts zum Stumpfen Gipfel, der zwischen dem Karlsberg und dem Schlossberg liegt. Wir überqueren die Kirrberger Straße. Unser nächstes Ziel ist der Karlsberg-Weiher, der mitten im Wald liegt und sicherlich dazu anregt, eine kleine Pause einzulegen. Wir sind auf dem Gelände des ehemaligen Schloss Karlsberg angelangt.

Schlossherr Herzog Karl August II. von Pfalz-Zweibrücken ließ in Homburg eine der größten Residenzen des 18. Jhd. erbauen. Wilhelm Weber, gebürtiger Saarpfälzer, hat in seinem 1987 erschienenen Buch „Schloss Karlsberg“ auf über 600 Seiten in Wort und Bild die Entstehung des Schlosses, das Leben bei Hofe und die Zerstörung des Schlosses in eindrucksvoller Art und Weise beschrieben.
Vorbei am Weiher, vorbei an

Auf dem Weg

der gefassten Karlsbergquelle geht es nach oben zur Orangerie des ehemaligen Schlosses, die mitten im Wald am Wegesrand steht.

Der Weg führt weiter über schattige Waldwege, unten im Tal, links von uns, liegt Sanddorf. Zwischen Sanddorf und Bruchhof folgen wir, nachdem die Straße zwischen Sanddorf und Bechhofen überquert ist, der Beschilderung nach rechts zum Großen Kehrberg und der Gustav-Köhler-Hütte des Pfälzerwald-Vereins. Vom Gelände der Hütte hat man einen wunderbaren Ausblick in die Westpfalz.

Wir verlassen die Hütte, es geht den Berg hinunter, und kurz vor der geteerten Straße finden wir auf der rechten Seite auch wieder die rot/weiße Markierung. Auf weichem Sandboden kommen wir nach Homburg-Bruchhof. Wir müssen quer durch den Ort. Über die Lilienstraße erreichen wir die Kaiserstraße, die wir nach links überqueren. Nach wenigen Metern (hinter der Telefonzelle) biegen wir rechts ab. Über die Eisenbahnbrücke gelangen wir in die Erbacher Straße. Am Ende der Bebauung führt der Weg nach rechts und damit auf

die neu angelegte Trasse des Saarland-Rundwanderweges.

Das Homburger Königsbruch wartet auf uns. Unmittelbar vor dem am Waldrand gelegenen Tierheim von Homburg-Erbach biegen wir nach rechts ab. Entlang der Bahntrasse Homburg-Waldmohr unterqueren wir später im Wald die A6, die von Saarbrücken über Kaiserslautern nach Mannheim führt. Weiter geht es durch den Wald, die Bahnstrecke wird nach links überquert. Über den Eichwald kommen wir zur L 118, die Jägersburg mit Homburg verbindet. Wir wandern für kurze Zeit in ein kleines Waldgebiet, überqueren dann bald die Verbindungsstraße zwischen Kleinottweiler und Jägersburg und haben die Jägersburger Weiher erreicht.

Wir halten uns rechts, vorbei am Café-Restaurant „Brückenweiher" wandern wir um den See, um dann nach kurzer Zeit den Saarland-Rundwanderweg zu verlassen. Die Wanderwegmarkierung eines kleinen, kauernden Häsleins bringt uns durch den Kleinottweiler Wald zu einem großen Parkplatz zwischen Kleinottweiler und dem Hotel-Restaurant „Hochwiesmühle". Wir wenden uns nach rechts und sehen nach wenigen Metern vor uns das Hotel vor den Toren von Bexbach.

Die Gustavsburg am Jägersburger Weiher

Schmitz BISTRO
Wolfgang Schmitz
Gastronomiebetriebs-
und Catering Service
GmbH
Ihr kompetenter Partner
für Events und Partyservice
• Räumlichkeit für Feiern & Veranstaltungen
• Wild & Fischspezialitäten • Täglich Stammessen
• Das Lokal mit dem begehbaren Weinschrank
• Erlebnisbiergarten in Parkatmosphäre
Saarpfalz-Park 205 · 66450 Bexbach
Tel. 0 68 26 / 57 93 · Fax 0 68 26 / 93 35 87
Email: schmitz-bistro@t-online.de

Aus dem Tagebuch von… Ricarda Wackers

Am Tisch entwickelt sich schnell ein Gespräch darüber, wie wandergeschädigte Füße und Waden am effektivsten zu behandeln sind. Und da dringt dieser prägnante Spruch an mein Ohr, den ich seitdem nicht mehr vergessen kann: „Hast du Schmerz an Hand und Bein, reib' mit Pferdesalb' dich ein." Sigi mit dem fröhlichen Lachen schwört auf dieses Rezept. Zu Demonstrationszwecken hat sie gleich die Dose mit dem Wundermittel zur Hand. Grün ist das Zeug, und es duftet nach Arnika und Rosmarin. Früher, so erzählt Sigi unter dem Gelächter der Umstehenden, wurde noch mit dem Slogan geworben: „Erhöht die Sprungkraft“. Was also fürs Pferd gut ist, das kann dem Wanderer nicht schaden. Und sogleich wird die Wirksamkeit am lebenden Objekt ausprobiert. Ein wunder Arm streckt sich hin, und zart und hingebungsvoll wird er versorgt.

Andere Stimmen werden laut. Gegen Beschwerden vom Wandern sei Hirschtalg auch sehr wirksam. Und die Füße sollte man sich abends besser nicht mehr waschen. Und die Strümpfe dürften erst recht nicht frisch sein, sonst gäbe es Blasen. Als echter Wanderer solle man sie sogar zwei-, drei- oder auch viermal anziehen.

Vom Höcherberg zum Bosenberg

In Bexbach wartet der historische Bahnhof, der Blumengarten und das Saarländische Bergbaumuseum auf Besucher. Der Turm im Blumengarten, der das Bergbaumuseum beherbergt, besitzt eine Aussichtsplattform in 40 Meter Höhe. Diese Aussicht sollte man sich nicht entgehen lassen. Bexbach wird über die Hochwiesmühle wieder verlassen. Die Jägersburger Weiher sind das nächste Ziel. Vorbei am Websweilerhof mit seinem Golfplatz folgt eine lange Bergauf-Passage, bevor man vom Höcherbergturm weit ins Land blicken kann. Nach dem Aufstieg geht es über Münchwies bergab.

Im Ostertal lädt der Landgasthof „Werns Mühle“ zur Mittagsrast, ehe wir am Hungerberg vorbei Richtung St. Wendel wandern.

Stadtporträt

Im Saarpfalz-Kreis zwischen der Kreis- und Universitätsstadt Homburg und der Kreisstadt Neunkirchen liegt die Stadt Bexbach.

1219 wurde der Ort erstmals urkundlich erwähnt. Zur Zeit der Edelknechte von Beckensbach, die den Höcherbergraum besiedelten, fand man im 14. Jhd. Eisenerz und im 16. Jhd. Kohlen.

Die wirtschaftliche Entwicklung der gesamten Region stand mit dem Bergbau in engem Zusammenhang. Es gab Zeiten, da waren auf den Gruben des Ortes mehrere Tausend Menschen beschäftigt. Am 14. Mai 1889 legten im heutigen Bexbacher Stadtteil Frankenholz an der dortigen Grube erstmals Bergarbeiter die Arbeit nieder, um gegen die Arbeitsbedingungen zu protestieren.

Von hier aus entstand der erste große Aufstand der Bergarbeiter im Saarland, der in Friedrichsthal-Bildstock unter Nikolaus Warken, genannt Eckstein, seine Fortführung fand. Ein Erfolg blieb zuerst aus, jedoch besserten sich in den darauf folgenden Jahrzehnten die Arbeitsbedingungen und der Verdienst der Bergleute.

Lange waren die Gruben die wichtigsten Erwerbsstätten.

Höcherbergturm

Der 70-jährige Hindenburgturm, ein Wahrzeichen der Stadt, inmitten des großen Blumengartens gelegen, beherbergt das saarländische Bergbaumuseum. Im Kellergeschoss wurde eine Bergwerksanlage nachgebaut, in der man sich gefahrlos über das Leben unter Tage informieren kann. Auf mehreren Etagen wird das Leben und Arbeiten eines typischen Bergmanns anschaulich dargestellt.

Nach einem Spaziergang unter Tage empfiehlt sich ein Rundgang durch den Blumengarten, entlang der zahlreichen exotischen Pflanzen und Bäume, die mit ihrem botanischen Namen gekennzeichnet sind.

Der Gewürz- und Gemüsegarten, der auch eine Kompostanlage enthält, gibt Hobbygärtnern hilfreiche Tipps und Beispiele für den Garten daheim.

Bergbaumuseum am Blumengarten

Kirchturm in Fürth

Parken: Parkplatz am Hotel Restaurant Hochwiesmühle

Wegstrecke: 22,7 km

Startpunkt: Waldparkplatz zwischen Hochwiesmühle und Kleinottweiler

Informationen: Saarpfalz-Touristik, Homburg, Telefon: 0 68 41 / 1 04-1 90 bis 1 94, Kulturamt Stadt Bexbach, Telefon: 0 68 26 / 5 29-1 43, Tourismus- und Kulturzentrale des Landkreises Neunkirchen, Ottweiler, Telefon: 0 68 24 / 90 64 00, Fremdenverkehrsamt St. Wendeler Land, Bosen, Telefon: 0 68 52 / 90 11-0

Wegmarkierung: überwiegend rot/weißes Rechteck

Einkehren: Höcherberghaus des Pfälzerwald-Vereins auf dem Höcherberg, Höchen, Telefon: 0 68 26 / 71 41, Landgasthaus Werns Mühle, Fürth, Telefon: 0 68 58 / 2 16, verschiedene Cafés und Restaurants in St. Wendel

Übernachten in St.Wendel:
Dom-Hotel, Telefon: 06851 / 27 37,
Angel's – das Hotel am Fruchtmarkt,
Telefon: 0 68 52 / 9 99-0 00

Breitenbach
Altenkirch
Lautenbach
Remmesfürth
Dunzweiler
Bamberger hof
Münchwies
Höchen
Frankenholz
Websweiler
Oberbexbach
Kleinottweiler
9,4
Höcherbergturm
Websweilerhof
5,3
Jägersburger Weiher
2,8
Hotel Hochwiesmühle

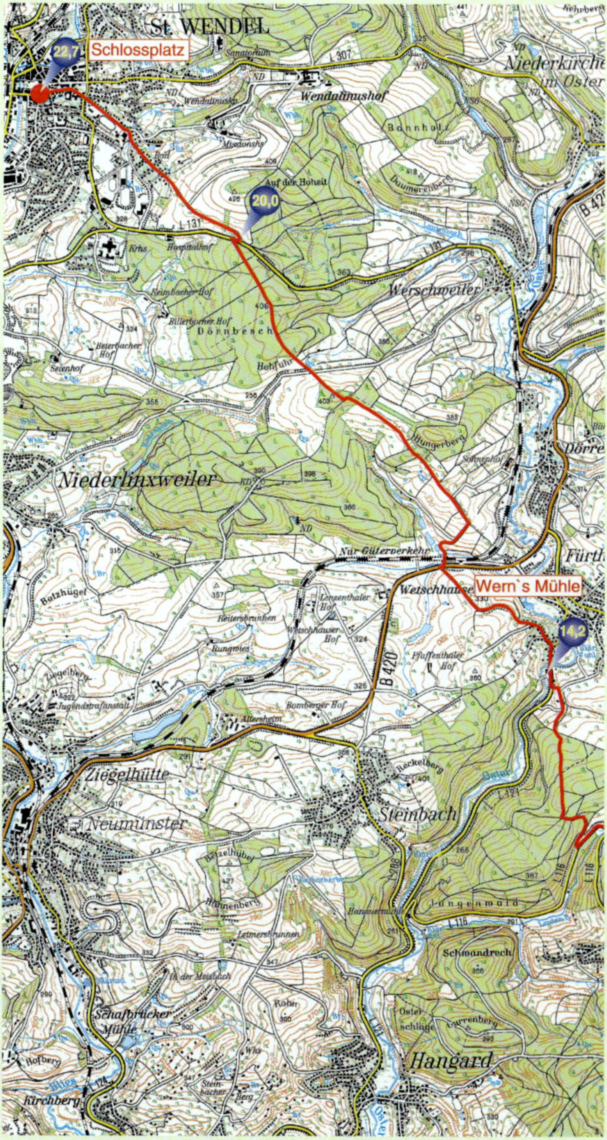
St. WENDEL
22,7
Schlossplatz
20,0
Wern`s Mühle
14,2
Niederkirchen im Ostertal
Wendalinushof
Werschweiler
Niederlinxweiler
Dörrenbach
Fürth
Wetschhausen
Ziegelhütte
Neumünster
Steinbach
Hangard
Kirchberg
Schafbrücker Mühle
B 420
L 131

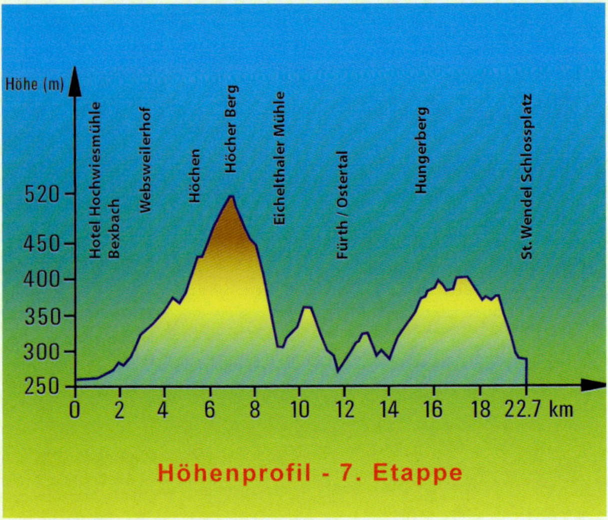
Höhe (m)
Hotel Hochwiesmühle Bexbach
Websweilerhof
Höchen
Höcher Berg
Eichelthaler Mühle
Fürth / Ostertal
Hungerberg
St. Wendel Schlossplatz
520
450
400
350
300
250
0
2
4
6
8
10
12
14
16
18
22.7 km
Höhenprofil - 7. Etappe

Unterwegs

Wegbeschreibung

Kreuz über St. Wendel

Vom Waldparkplatz folgen wir zunächst der Markierung des kleinen kauernden Häsleins. Der Weg bringt uns über eine wunderbare Waldtrasse zu den Jägersburger Weihern. Dort treffen wir auf die rot/weiße Markierung des Saarland-Rundwanderweges. Entlang des Felsbaches führt der Weg durchs gleichnamige Naturschutzgebiet Richtung Websweilerhof. Das Gelände des Golfplatzes passieren wir in unmittelbarer Nähe, etwas entfernt zur Linken die Türme des Kraftwerkes von Bexbach. Bereits hier erkennen wir, dass uns ein längerer Anstieg bevorsteht. Der Höcherbergturm ist unser nächstes Ziel.

Bevor wir durch den Naßwald den Ortsanfang von Höchen erreichen, erhebt sich links von uns der Kirchturm von Frankenholz. Das weithin sichtbare, markante Schulhaus von Frankenholz ist ebenfalls gut zu erkennen.

Über die Friedhofstraße gelangen wir zur Ortsmitte von Höchen. Die Saar-Pfalz-Straße muss überquert werden und weiter geht es durch die Römerstraße Richtung Höcherberg. Der aufmerksame Wanderer wird den Hinweis zur gefassten Glanquelle erkennen, die hier ganz in der Nähe entspringt. Bereits vom Waldrand kurz vorm Höcherberg hat man einen ausgezeichneten Blick bis hinüber zur Sickinger Höhe. Unten im Tal liegt die Kreisstadt Homburg und bei guter Fernsicht kann man die Hügelkette der Vogesen von hier ausmachen.

Der Höcherberg (8,0 km) ist mit seinen 518 Meter die höchste Erhebung des Saarpfalz-Kreises. Am Turm erwartet die komfortable Höcherberghütte des Pfälzerwald-Vereins müde Wanderer. Neben dem Turm hat man in den letzten Jahren einen sehr ansprechenden Kinderspielplatz angelegt. In der Hütte selbst besteht auch die Möglichkeit zum Übernachten. Die gerade renovierten Schlafzimmer sind sehr preiswert zu bekommen.

Im Jahr 1893 ließ das topografische Büro Berlin an der Stelle des heutigen Turmes eine auf Leitern besteigbare Holzpyramide errichten, die der Landvermessung diente. Wegen Baufälligkeiten musste dann die Pyramide in späteren Jahren beseitigt werden. Nachdem 1913 das Katasterbüro München wieder eine Holzpyramide erstellen lassen wollte, regte die Höcher Ortsgruppe des Pfälzerwald-Vereins die Erbauung eines massiven Turmes an. Zu diesem Zweck wurde dann ein Höcherbergturm Verein ins Leben gerufen, der für die erforderlichen finanziellen Mittel sorgte.

Im Jahr 2003 feierte der Turm sein 90-jähriges Bestehen. Den Schlüssel zum Turm erhält man in der Hütte. Die Besteigung kostet 1 Euro, Kinder zahlen die Hälfte.
Der Blick vom Turm ist überwältigend. Die Wanderstrecke bis Kirkel ist ebenso einsehbar wie der Bosenberg in St. Wendel und die Streckenführung von St. Wendel bis hin in den Oberthaler Bruch.
Vom Höcherberg geht es nach Münchwies. Vorbei an der psychosomatischen Fachklinik gehen wir bergab über einen Wiesenweg, linker Hand das Neubaugebiet von Münchwies. Wir verabschieden uns vom Saarpfalz-Kreis und werden für kurze Zeit einen Teil des Land-

Werns Mühle

kreises Neunkirchen durchwandern, ehe wir später über das Ostertal den Landkreis St. Wendel erreichen.

Im Tal angekommen muss man ein Stück entlang der Landstraße gehen. Der Weg führt vorbei an der im Jahr 1714 erbauten Eichelthaler Mühle. Die Mühlsteine malen schon lange kein Korn mehr. In den 1967 renovierten Gebäuden hat man eine „Alters-Pension" eingerichtet.

Hinter der Mühle müssen wir rechts abbiegen und nochmals für ein kurzes Stück entlang der Landstraße gehen, ehe der Wanderweg nach rechts in den Wald einbiegt. Für längere Zeit führt uns der Weg durch den Wald, anschließend folgt eine Wegpassage durch eine herrliche Streuobstwiesen-Landschaft. Neben dem Saarland-Rundwanderweg befinden wir uns hier auch auf der Trasse des Saar-Blies-Weges (orange-farbenes Kreuz).

Über einen schmalen Wiesenweg geht es bald nach unten. Vor uns liegt der Ort Fürth, der bereits zum Ostertal gehört. Unten angekommen erwartet uns auf der gegenüberliegenden Straßenseite der Landgasthof „Werns Mühle" (13,0 km).

Die Vorfahren der Familie Wern wanderten in der Mitte des 17. Jhd. aus Saanen im Berner Oberland aus und wurden später in Fürth ansässig. In der Familienchronik wird 1766 zum ersten Mal eine so genannte Mühle erwähnt. Nachdem 1841 eine Ölmühle daneben entstand und weitere Gebäudeteile folgten, erreichte das Anwesen bereits 1852 seine heutige Form. Zwischen 1950 und 1960 war die Ölmühle die größte des Saarlandes. Hier wurden Raps,

Mohn und in den Kriegsjahren des 2. Weltkrieges auch Bucheckern verarbeitet. Neben dem Betrieb der Ölmühle entstand im Haupthaus der Anlage eine Gastwirtschaft. 1990 wurde die alte Ölmühle, die nahezu vollständig erhalten war, restauriert. Während der Restaurant-Öffnungszeiten ist das Museum zu besichtigen.

Von der Mühle müssen wir nach links, es geht leicht bergan durch die Brückenstraße. Vorbei an der katholischen St. Michaels-Kirche biegen wir in die Straße Zur Ring links ab. Gleich anschließend müssen wir in die Wetschhauser Straße. Bergauf über einen geteerten Feldwirtschaftsweg verlassen wir Fürth und haben herrliche Ausblicke übers Ostertal nach Dörrenbach und Werschweiler.
Der Feldwirtschaftsweg bringt uns durch eine ausgedehnte Feldlandschaft, am Ende erwartet uns die B 420, die Ottweiler, das Ostertal und Kusel miteinander verbindet. Nach rechts müssen wir ein kurzes Stück entlang der Straße, biegen dann nach links und unterqueren die Ostertalbahn. Vorbei am Hungerberg rechter Hand, über Hohlwege und Feldwege, wandern wir nach oben. Und bevor wir endgültig im Wald eintauchen lohnt ein Blick zurück. Der Höcherbergturm ist gut zu erkennen. Zum letzten Mal führt uns der Weg durch ein ausgedehntes Waldgebiet. Am Ende

Basilika St. Wendel

muss die Straße zwischen St. Wendel und Werschweiler nach rechts oben überquert werden, ehe der Wanderweg nach links abbiegt. Auf der linken Seite sehen wir den Schaumberg mit seinem markanten Turm, auf der rechten Seite den bewaldeten Bosenberg mit seinem Fernmeldeturm.

Schon bald erkennen wir ein großes Kreuz oberhalb von St. Wendel. Vor uns im Tal liegt die Kreisstadt St. Wendel, rechts auf der Anhöhe das Missionshaus. Die Straße Am Kniebrecher bringt uns nach unten und über die Missionshausstraße gelangen wir in den Stadtkern von St. Wendel.

Aus dem Tagebuch von... Marco Muhar

Bergauf – von rund 250 Metern geht es auf einer Strecke von fünf Kilometern auf 518 Meter über Normalnull.

Schön gleichmäßig steigt der Weg an.
Der Schritt wird rhythmisch, die Atmung tief, ohne größere Anstrengung ziehen Straßen, Felder und Bäume vorbei. Hinter einer Wegbiegung lugt dann der Turm - Baujahr 1913 - aus dem Wald. Die Baumeister blendeten der Fassade damals graubraune, roh behauene Quader vor.

Bis in 26 Meter Höhe schichteten sie die Steine und ließen zwischendurch schießschartenähnliche Öffnungen. Vorbau und Eckpfeiler verstärken den Eindruck einer Burg. Über die ästhetische Wirkung kann man geteilter Meinung sein, die Aussicht jedenfalls ist einmalig. Schaumberg, Vogesen und fast die gesamte Wegführung der 7. Etappe lassen sich erspähen.

Vom Rad-Mekka zur Segel-Hochburg

In den letzten Jahren hat sich St. Wendel zum Radsport-Mekka Deutschlands entwickelt. Internationale, hochkarätige Veranstaltungen haben dazu geführt, dass sich die Stars der Radsportszene immer wieder in St. Wendel zusammenfinden.

Von der Altstadt St. Wendels führt der Wanderweg über die Skulpturenstraße. Kultur im freien Raum: Losgelöst von allen Zwängen, erwartet den Wanderer eine Open Air Galerie zwischen St. Wendel und dem Bostalsee. Und dazwischen wartet das Bauernhausmuseum „Millpetersch Haus" in Güdesweiler auf Besuch. Durch den Oberthaler Bruch und vorbei an der noch sehr jungen Nahe, die sich von hier auf den Weg zum Rhein macht, ist das Ziel nicht mehr weit: Der Bostalsee. Bei gutem Wind tummeln sich Segler und Surfer auf dem See.

Stadtporträt

Die Kreisstadt St. Wendel liegt in einer vielfältigen und abwechslungsreichen Landschaft des Naturparks Saar-Hunsrück.

St. Wendel hat eine malerische Altstadt mit historischer Bausubstanz, die noch heute einen Hauch ihrer bewegten Geschichte vom Mittelalter bis zur Neuzeit vermittelt. Weithin bekannt ist die Stadt durch ihren Schutzpatron, den Heiligen Wendalinus, dessen Gebeine in der Basilika ruhen. Eine moderne Wendalinus-Skulptur des Künstlers Dieter Patt wurde im Heiligen Jahr 2000 anlässlich der Wallfahrtswoche errichtet und begrüßt als neues Wahrzeichen die Besucher St. Wendels am ehemaligen französischen Militärgelände.

Große Open-Air-Konzerte, Auftritte namhafter Künstler und internationale Ereignisse, wie der Weltcup der Mountainbiker, sind Imagewerbung und kurbeln den Tourismus nachhaltig an. Besonders im Radsport hat sich St. Wendel durch eine Vielzahl von Veranstaltungen bundesweit und international hohes Ansehen erworben.

Radsport-Plastik in St. Wendel

Der moderne Bau des Mia-Münster-Hauses beherbergt als kulturelles Zentrum die Stadt- und Kreisbibliothek mit dem Stadtarchiv. Das hier ebenfalls ansässige Museum mit einer ständigen Ausstellung der St. Wendeler Künstlerin Mia Münster, wechselnden Kunstausstellungen sowie Exponaten zur Stadtgeschichte und dem Stadtheiligen St. Wendelin ist bei Besuchern sehr beliebt.

Fruchtmarkt St. Wendel

Der von Platanen umsäumte Schlossplatz mit Straßencafés verbreitet im Sommer südländisches Flair. Hier befindet sich das Rathaus der Stadt St. Wendel in einem stilgerecht sanierten historischen Gebäude. Die restaurierten Reste des mittelalterlichen Verteidigungsringes der Stadt gehen auf das 14. Jhd. zurück. Sie erinnern an den Angriff Franz von Sickingens 1522 und an den Dreißigjährigen Krieg, durch den die Befestigungsanlage zerstört wurde. Das Alte Rathaus fügt sich in das historische Stadtbild der Bürgerhäuser am Fruchtmarkt ein. Das Gebäude wurde 1791 errichtet und 1803 vollendet. 1858 wurde die Freitreppe am Fruchtmarkt gebaut. Winklige Gassen, Torbögen, Pflasterwege, stilgerecht sanierte Plätze und mittelalterliche Häuser sowie Gaststätten und Restaurants in geschichtsträchtigem Ambiente laden ein zu Entdeckungstouren, die an jeder Ecke neue malerische Blicke bieten.

Am Stadtrand liegt die 1755 errichtete Wendalinuskapelle mit ihrem Brunnen am Ende eines alten Wallfahrtsweges. Wie eine Burg überragt das ab 1900 erbaute Missionshaus der Steyler Missionare die Stadt und wurde längst zu einem ihrer Wahrzeichen. Das völkerkundliche Museum der Ordensgemeinschaft zeigt exotische Exponate aus aller Welt.

Parken: in der Nähe des Bahnhofs (Mommstraße)

Wegstrecke: 18,8 km

Startpunkt: an der Basilika am Marktplatz

Informationen: Fremdenverkehrsamt St. Wendeler Land, Bosen, Telefon: 0 68 52 / 90 11-0,
Millpetersch Haus, Güdesweiler,
Telefon: 0 68 54 / 7 61 10 oder 0 68 54 / 61 02

Wegmarkierung: rot/weißes Rechteck

Einkehren: Römerhof (nähe Bostalsee),
Telefon: 0 68 52 / 63 23,
Backhaus am Bostalsee, Telefon: 01 71 / 5 24 79 03,
See-Bistro, Bosen, Telefon: 0 68 52 / 99 10 88

Übernachten: Merkers Bostal Hotel, Bosen,
Telefon: 06852 / 90 24-0,
Hotel Gierend, Gonnesweiler, Telefon: 0 68 52 / 9 01 50,
Landhaus Mörsdorf, Neunkirchen/Nahe,
Telefon: 0 68 52 / 9 01 20,
Seehotel Weingärtner, Bosen, Telefon: 0 68 52 / 88 90

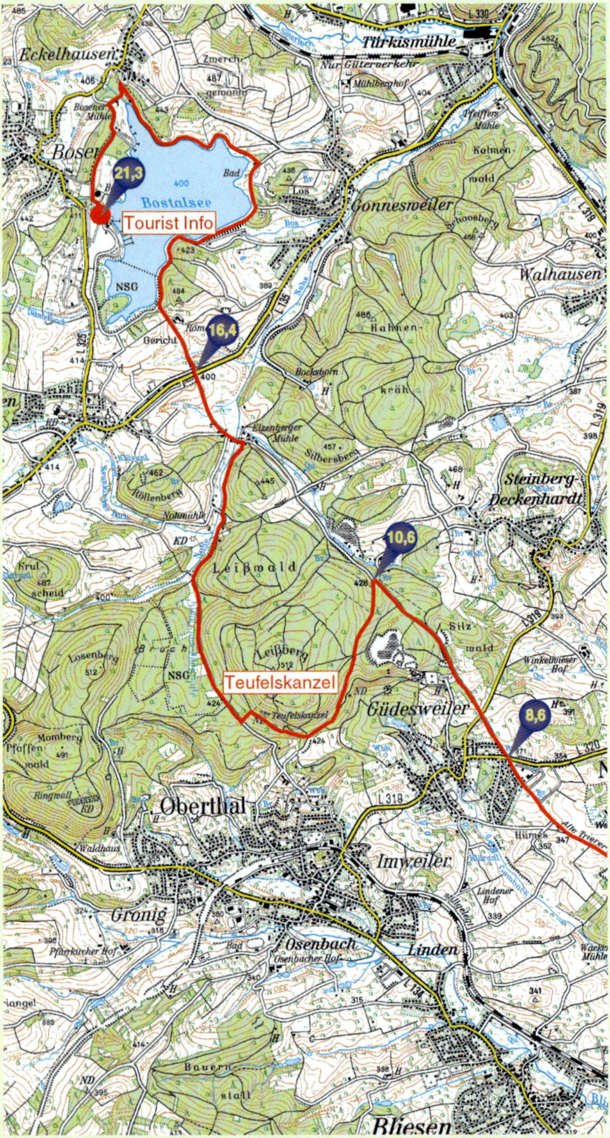
Eckelhausen
Türkismühle
Zmerch
Mühlberghof
Nur Güterverkehr
L 330
Bosener Mühle
Bosen
21,3
Bostalsee
Tourist Info
Bad
Los
Gonnesweiler
Pfeiffers Mühle
Kalmenwald
Schoosberg
Walhausen
NSG
Gericht
16,4
L 325
L 135
Hahnenkräh
Bocksborn
Elzenberger Mühle
Silbersberg
Röllenberg
Nohmühle
Steinberg-Deckenhardt
10,6
Leißwald
Leißberg
Teufelskanzel
Silzwald
L 318
Winkelwieser Hof
8,6
Güdesweiler
L 320
Losenberg
Bruch
Krulscheid
Momberg
Pfaffenwald
Ringwall
Oberthal
L 319
Waldhaus
Imweiler
Hümes
Alte Trierer
Lindener Hof
Gronig
Osenbach
Osenbacher Hof
Linden
L 134
Pfarrkircher Hof
Bauernstall
Bliesen

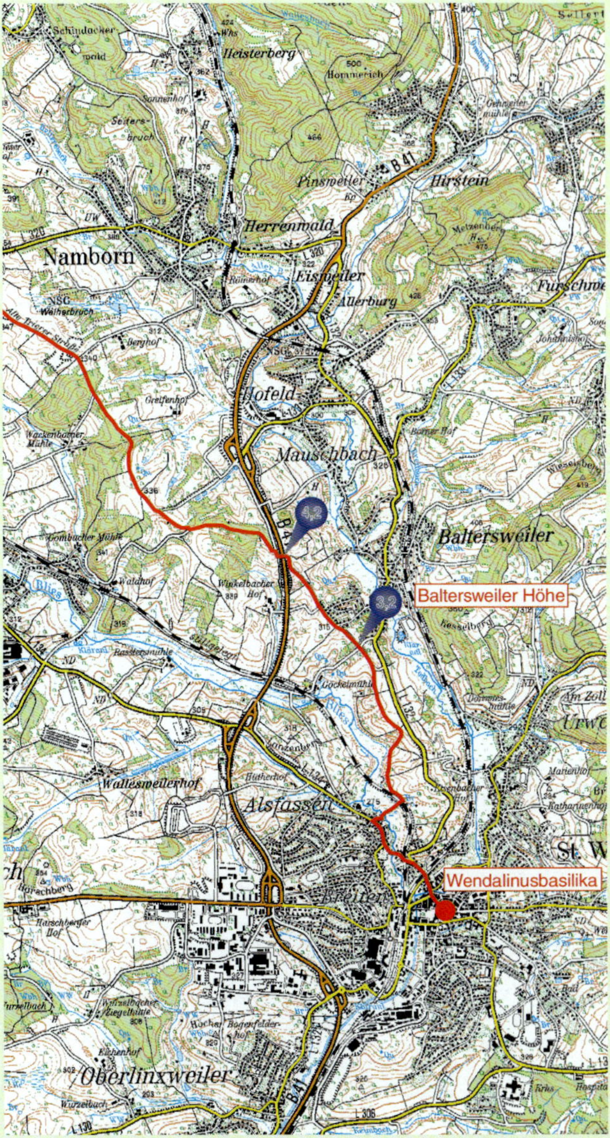
Namborn
Heisterberg
Herrenwald
Eisweiler
Hirstein
Pinsweiler
Allerburg
Hofeld
Mauschbach
Baltersweiler
Baltersweiler Höhe
Alsfassen
Wendalinusbasilika
Oberlinxweiler
4,2
3,2

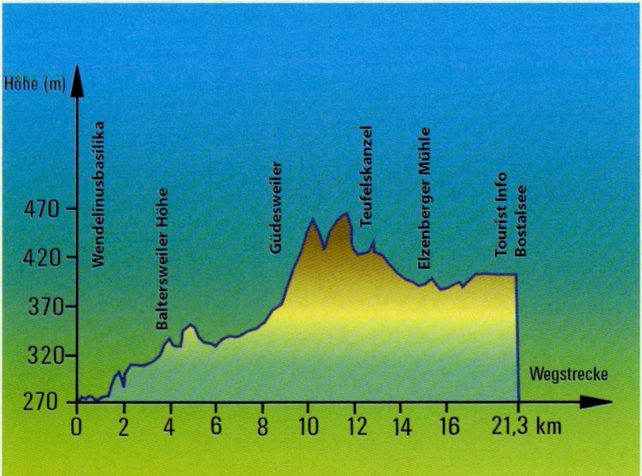

Höhenprofil - 8. Etappe

Wegbeschreibung

Kugelbrunnen, St. Wendel

Vom Bahnhofsgelände in der Mommstraße gelangt man durch die Bahnhofstraße in wenigen Minuten zum Schlossplatz mit seinem historischen Rathaus, in dem auch heute noch der Bürgermeister residiert. Vorbei an Cafés und Restaurants erreichen wir durch die Schlossstraße, die gleichzeitig auch Fußgängerzone ist, den Fruchtmarkt mit der Basilika.

Wir haben den Startpunkt der Wanderung erreicht.

An der Nordseite der Basilika erinnert die von Leo Kornbrust 1988 geschaffene Basalt-Lava-Pyramide an den jüdischen Maler und Bildhauer Otto Freundlich, der 1878 in Stolp geboren und 1943 im KZ Majdanek gestorben ist. Von einer Straße der Skulpturen, auf der uns bis zum Bostalsee viele in die Landschaft integrierte Kunstwerke erwarten, träumte Otto Freundlich bereits in den 30er Jahren des vorigen Jhd.. Leo Kornbrust hat in die kleine Basaltpyramide die Worte: „Voie de la Fraternité et Solidarité Humaine" eingemeißelt.

Die Basilika im Rücken wandern wir über den Fruchtmarkt, die Treppenstufen am ehemaligen Rathaus vorbei nach unten und wenden uns nach rechts in die Luisenstraße. Wir folgen der Straßenführung durch die Kelsweilerstraße, überqueren die Blies und kurze

Imbissbetriebe
KÜNZER
Backhaus am Bostalsee
Staudamm Gonnesweiler
Tel. 01 71 / 5 24 79 03
Original-Holzofenbäckerei
Leckeres aus dem Holzofen
• verschiedene Brote
• Rosinenbrötchen
• Kuchen
• Croissants
• Brötchen
• Frisches Bauernbrot aus dem selbstgebauten Holzofen
• Wir heizen nur mit Buchenholz
• Unser Sauerteig ist ausschließlich aus eigener Herstellung
• Wir verwenden nur Getreide aus der Region
Wir freuen uns auf Ihre Bestellung
0171 / 5 24 79 03

Zeit danach verlassen wir die Innenstadt von St. Wendel über die Bahngleise. Es geht zunächst weiter durch die Kelsweilerstraße Richtung Bliesen, rechter Hand vorbei am Landgasthaus „Felsenmühle". Die Kelsweilerstraße mündet in die Alsfassener Straße, die wir dann nach wenigen Minuten nach rechts ins Mühlwiesgässchen wieder verlassen. Nachdem wir unter dem Brückenbogen der alten Bahntrasse hindurch sind, geht es nach oben. Die Baltersweiler Höhe ist bald erreicht. Im Sommer 1971 hatte auf der Anhöhe zwischen St. Wendel und Baltersweiler das erste Steinbildhauer-Symposion im Saarland stattgefunden. Die Anregung zum Symposion auf der Baltersweiler Höhe kam vom einheimischen Künstler Leo Kornbrust. Es schließt an andere Symposien an, die ausgehend von St. Margarethen im Burgenland in Österreich seit 1959 auf der gesamten Welt stattgefunden haben.

An der Skulpturenstraße

Skulptur von Gernot Rumpf, Pfalz

1974/75 wurde der Saarland-Rundwanderweg im St. Wendeler Land neu angelegt. Schnell war man sich einig. Von der Baltersweiler Höhe aus sollte die „Straße der Skulpturen" auf dem Weg zum Bostalsee entstehen.

1979 war es soweit: Die Skulpturenstraße wurde eröffnet. Der „Große Fuß" des Japaners Yoshimi Hashimoto zeigt uns mit seinen acht Metern Länge den Weg Richtung Baltersweiler und weiter zum See. Vorbei am westlichen Ortsrand von Baltersweiler machen wir uns über die Alte Trierer Straße weiter auf den Weg. Die B 41 wird über eine Brücke überquert, anschließend folgen wir der

Beschilderung nach rechts in den Wald. Sanfte Hügelketten mit Wiesen und Feldern wechseln sich mit kleinen Waldpassagen ab.

Auf der Plattform des Schaumbergs stehend, hat der bayerische Mundartpoet Harald Grill diese Landschaft als einen wunderbaren, farbenfrohen Fleckerlteppich bezeichnet. Treffender kann man es nicht formulieren.

Skulptur von Franz-Xaver Ölzant, Österreich

Wir erreichen den Ortsrand von Güdesweiler, der Weg führt geradeaus weiter.

Wir verlassen den Weg für kurze Zeit, um in Güdesweiler im Mühlenweg 3 das dörflich bäuerliche Museum „Millpetersch Haus" zu besuchen (Achtung: Das Museum ist nur nach telefonischer Vereinbarung geöffnet). Das Haus wurde 1793 im Stil eines südwestdeutschen Bauernhauses erbaut und ist seit dieser Zeit im Familienbesitz. Die Familie von Gisela Schumann hat dafür gesorgt, dass der aus dem 19. Jhd. stammende Wohnbereich vollständig erhalten geblieben ist. Gisela Schumann selbst hat sich der Rötelmalerei verschrieben. Rötel ist ein eisenoxidhaltiger, rotbrauner Mineralfarbton, der sich im unteren Rotliegenden der oberen Kuseler Schichten wiederfindet. Vor allem rund um Oberthal wurde Rötel abgebaut, weshalb die Oberthaler noch heute im Volksmund als die Oberthaler Rötelkrämer bezeichnet werden. In früheren Zeiten wurde dieser Rötel im Winter abgebaut und im Frühjahr auf Eselskarren durch halb Europa transportiert. Vor allem an den Küstenstreifen waren die Rötelkrämer gern gesehene Leute. Geglühter Rötel, mit Öl vermischt, diente als äußerst haltbarer und widerstandsfähiger Schutzanstrich für hölzerne Schiffsplanken.

Aber auch berühmte Künstler, wie etwa Leonardo da Vinci, dessen Selbstbildnis von 1510 mit Rötel gemalt wurde, oder Rubens, Monet und Kokoschka, griffen zum Rötelstift oder zum Rötelpulver.

Wir verlassen das Museum und kommen zurück zum Wanderweg. Die Landstraße zwischen Güdesweiler und Namborn muss überquert werden und kurz danach auch die Straße, die Güdesweiler mit Steinberg-Deckenhardt verbindet. Ein großer Waldparkplatz und die Skulpturen „Barca della Vita" - Lebensschiff - des Italieners Rinaldo Bigi und die drei roten, mit Stahlplatten verbundenen Sandsteinblöcke des in Mannheim geborenen Künstlers Edgar Gutbub erwarten uns.

Wir wandern Richtung Friedhof, den wir rechter Hand liegen lassen, zur Valentinskapelle. Die Kapelle auf dem heutigen Friedhof wurde von 1761 bis 1764 von dem Eremiten Johann Nonninger erbaut. Der Sage nach soll er als Koblenzer Schiffer das Ertrinken eines kleinen Jungen verschuldet haben. Die Kapelle soll er dann erbaut haben, um seinen inneren Frieden wiederzufinden. Von der Kapelle geht es für ein kurzes Stück nach oben, ehe wir die Wildfrauhöhle, eine höhlenähnliche Felsbildung, die einem überdachten Unterschlupf gleicht, erreichen. Eine Seherin, so der Volksmund, soll hier dem bereits erwähnten Johann Nonninger geraten haben, eine Kapelle am Gutenborn zu errichten. Von hier müssen wir bald nach links unten. Ein breiter Waldweg bringt uns dann anschließend durch den Oberthaler Bruch. Über diesen Weg gelangen wir zum Nahetal und der jungen Nahe, die uns, wenn wir nach rechts abgebogen sind, ein Stück des Weges begleitet. Vorbei an der Nohmühle, linker Hand, erreichen wir die Elzenberger Mühle.

An der Elzenberger Mühle müssen wir nach links über den asphaltierten Feldwirtschaftsweg mit der kleinen Brücke über die noch schmale Nahe. Die Straße zwischen Neunkirchen/Nahe und Gonnesweiler wird überquert, auf der rechten Seite sieht man bereits den Römerhof und das Ufer des Bostalsees ist von hier nicht mehr weit.

Die offizielle Wegführung des Saarland-Rundwanderweges führt in westlicher Richtung, also nach links um den See. Wir nehmen die Wegführung nach rechts und befinden uns nach einem Kilometer an der Staumauer des Sees oberhalb von Gonnesweiler. Vorbei am Backhaus am Bostalsee über die Staumauer und weiter entlang der Surferbasis erreichen wir die Bosener Mühle, in der alljährlich verschiedene kulturelle Veranstaltungen stattfinden. Bosen ist nicht mehr weit.

Nohmühle

Bostalsee

Aus dem Tagebuch von... Ricarda Wackers

Das „Millpetersch Haus" – Es erwartet uns ein Dach überm Kopf: das Bauernhausmuseum „Millpetersch Haus" in Güdesweiler. Um unsere Rucksäcke zu plündern, verteilen wir uns im unteren Bereich des schmucken Gebäudes.

Ich komme mit Gisela Schumann ins Gespräch, deren Familie hier ein kleines Heimatmuseum eingerichtet hat. Sie führt mich durch die Räume. Die meisten erreicht man über schmale Stiegen. Zuerst kommen wir durch die so genannte Futterküche mit einem alten Herd, alten Schränken, Tellern und Töpfen. In einem anderen Raum steht ein alter Webstuhl, der ab und zu auch noch in Betrieb genommen wird.

Das Schmuckstück des ganzen Hauses aber ist der Tante-Emma-Laden im Obergeschoss. Bonbons gibt es hier, dreieckige Tüten, wie man sie heutzutage nur noch selten findet, alte Dosen und Büchsen, eine Waage und einen vorsintflutlichen Kühlschrank. Ich hätte ihn fast übersehen, weil er aussieht wie eine ganz normale Holzkommode. Es ist eine kurze, aber intensive Reise in eine andere Welt.

Von Seglern und Surfern zu Kelten und Steinen

Der See lockt zum Baden, Segeln, Surfen oder Tretbootfahren. Wir befinden uns mitten im Naturpark Saar-Hunsrück. Dieser grenzüberschreitende Park umfasst die Landschaften des Oberen Moseltals, des Unteren Saartals, des pfälzisch-saarländischen Muschelkalkgebiets sowie des Gutlandes, des Hunsrücks und des Saar-Nahe-Berglands.

In dieser Erlebnisregion werden wir uns in den nächsten Tagen aufhalten. Die keltischen Hügelgräber am Priesberg und der „Hunnenring" in Otzenhausen erinnern uns an die Kelten, die einmal in dieser Gegend heimisch waren. Der im Volksmund fälschlicherweise als „Hunnenring" bezeichnete keltische Ringwall wurde im 1. Jhd. v. Chr. strategisch günstig auf dem Dollberg errichtet. Der Aufstieg zur Fliehburg wartet kurz vor dem Ende der Wanderetappe.

Porträt

Idyllisch eingebettet in die Mittelgebirgslandschaft des Naturparks Saar-Hunsrück liegt der 120 ha große Bostalsee. Er bietet viel Platz für alle, die ihre Freizeit gerne am, auf oder im Wasser verbringen möchten. Zwei große Sandstrände laden zum Baden oder Sandburgenbauen ein. Angebote wie Tretbootfahren, Surfen und Segeln, Spielen, Wandern oder Radeln runden das Programm ab. Der Bostalsee bietet auch Orte der Ruhe für Menschen, die in morgendlicher Stille vom Boot oder Ufer aus angeln oder einfach nur um den See wandern möchten.

Der Bostalsee

Das gesamte Freizeitzentrum verfügt über eine Fläche von 335 ha. 1979 wurde es in Betrieb genommen. 8 Millionen Kubikmeter Wasser stehen für Wassersportler in dem See bereit, der an seiner tiefsten Stelle 20 Meter misst. Zwei Freibäder mit schönen Sandstränden und Liegewiesen in Bosen und Gonnesweiler sind mit Bojen in Nichtschwimmer- und Schwimmerbereiche abgegrenzt.

Der Campingplatz zwischen Neunkirchen und Bosen ist fünf Gehminuten vom See entfernt. Die Anlage ist ganzjährig geöffnet.

Der Bostalsee

Ein See-Bistro, das Restaurant Bostalklause und verschiedene Kioske am See sorgen für Erfrischungen am Staudamm und an der Surferbasis.

An der Eckelhauser Bucht ist das Kunstzentrum „Bosener Mühle“ mit Ateliers zur Durchführung von Kunstkursen eingerichtet. Angeschlossen ist eine Galerie für Ausstellungen und kulturelle Veranstaltungen. Hier findet seit zehn Jahren im Frühjahr ein viel beachtetes Mundart-Symposium statt. Schriftsteller aus europäischen Ländern diskutieren und verfassen im Rahmen der Veranstaltung moderne Mundartliteratur, die jeweils in einem Buch des Landkreises St. Wendel dokumentiert wird.

Die Skulpturenstraße führt, von St. Wendel kommend, zum Bostalsee. Die Plastiken „Liebesthron“ und „Requiem für Juden“ stehen direkt am Seerundweg. Getrennt vom Wanderweg führt ein Radweg von 7,2 km Länge um den See.

Parken: Parkplatz am Bostalsee (nähe Seeverwaltung)

Wegstrecke: 22,3 km

Startpunkt: Bistro am See (nähe Seeverwaltung)

Informationen: Tourist-Information St. Wendeler Land, Bosen, Telefon: 0 68 52 / 90 11-0,
Kur- und Verkehrsamt Nonnweiler, Nonnweiler,
Telefon: 0 68 73 / 6 60-19

Wegmarkierung: rot/weißes Rechteck

Einkehren: Zum Freihof, Schwarzenbach,
Telefon: 0 68 73 / 72 39

Übernachten: Hotel-Restaurant Parkschenke Simon,
Nonnweiler, Telefon: 0 68 73 / 66 99 70

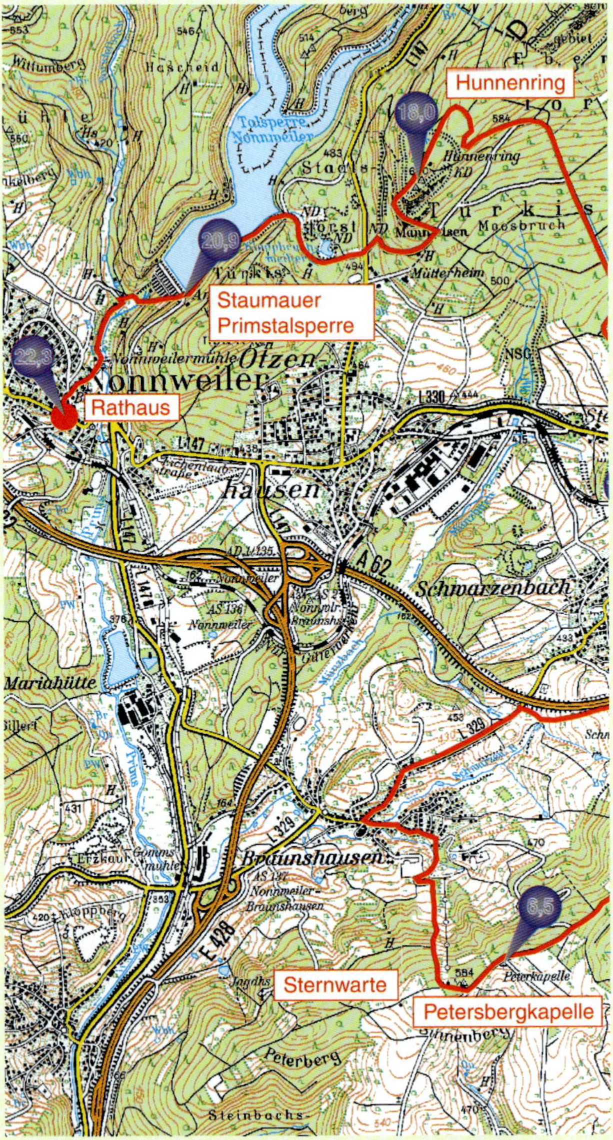
Hunnenring
18,0
20,9
Staumauer
Primstalsperre
22,3
Rathaus
Nonnweiler
Otzen-
hausen
Schwarzenbach
Braunshausen
Mariahütte
6,5
Sternwarte
Petersbergkapelle
Peterberg
A 62
E 428
L 147
L 330
L 329

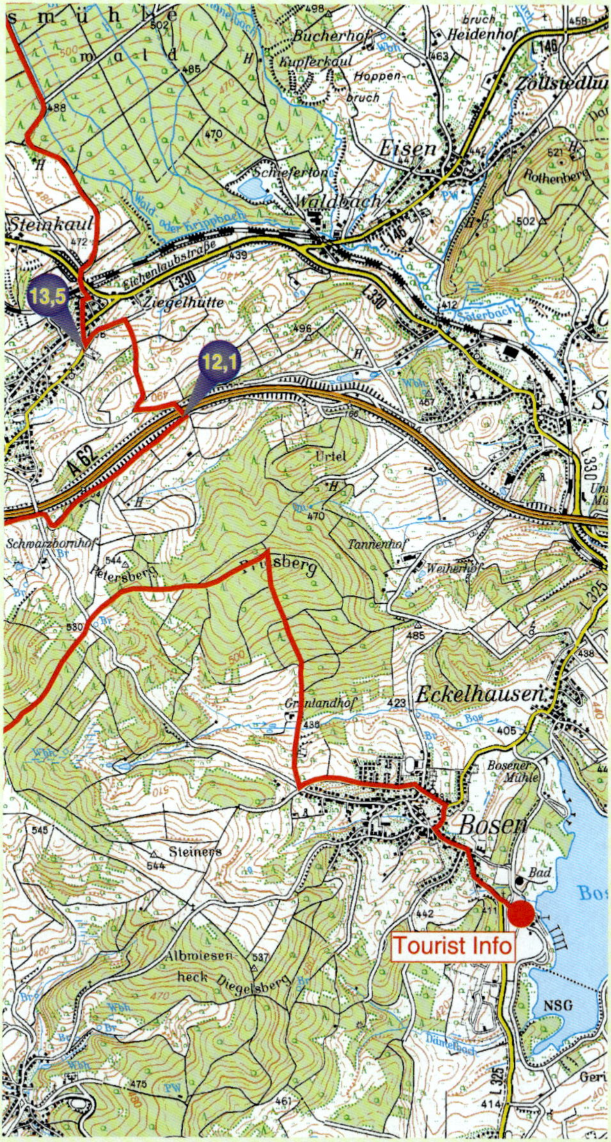
Bucherhof
Heidenhof
Kupferkaul
Hoppen-
bruch
Zollsiedlung
Eisen
Rothenberg
Schieferton
Waldbach
Steinkaul
Eichenlaubstraße
L330
Ziegelhütte
L146
Söterbach
13,5
12,1
A 62
Urtel
Tannenhof
Weiherhof
Schwarzbornhof
Petersberg
Eckelhausen
Grünlandhof
Bosener
Mühle
Bosen
Bad
Tourist Info
Steiners
Albwiesen-
heck
Diegelsberg
NSG
L 325
L 330
Wald- oder Krippbach

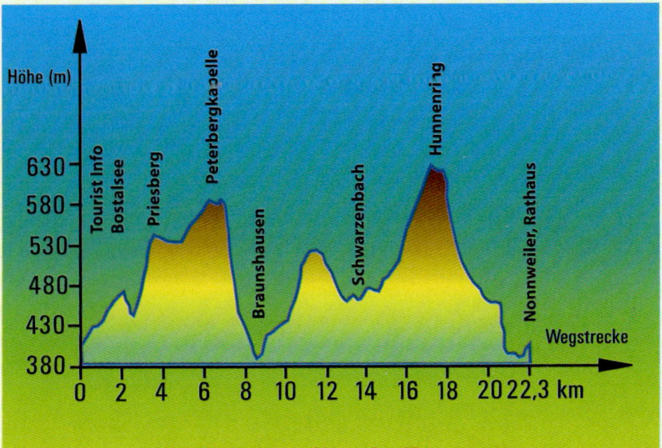

Höhenprofil - 9. Etappe

Steilaufstieg zum Hunnenring

WEGBESCHREIBUNG

Peterbergkapelle

An der Seeverwaltung folgen wir zunächst der Beschilderung Richtung Seehotel Weingärtner. Am Seehotel vorbei gelangen wir in die Bostalstraße. Dort können wir den Bürgersteig benutzen. Anschließend geht es weiter durch die Brühlstraße und dann nach links in die Flurstraße. Am Ende der Besiedlung von Bosen müssen wir nach rechts unten, vorbei an der Tennisanlage des Ortes. Es geht durch ein ausgedehntes Waldgebiet und vorbei am Grünbachhof gelangen wir zum Priesberg mit seinen kaum erkennbaren Hügelgräbern.

Wir wandern weiter Richtung Peterberg. Am großen Wegkreuz, das gut durch das Kunstwerk eines überdachten Steins zu erkennen ist, müssen wir nach rechts.

TIPP: Wenn man an dieser Wegkreuzung geradeaus weiterwandert (grünes N, Gemeinderundwanderweg Nonnweiler) erreicht man nach wenigen Minuten die Peterbergkapelle. Leider führt der Saarland-Rundwanderweg nicht an diesem Ort der Ruhe und Besinnung vorbei. Schon immer galt der Peterberg als Wetterberg und schon sehr früh befand sich auf dem Bergplateau eine Kapelle, die zum Ziel vieler Wallfahrer wurde. Bereits 1578 fand in unmittelbarer Nähe rund um die Kapelle ein Markt statt. Ende des 18. Jhd. verfiel die Kapelle. 1982 hat man eine neue errichtet.

Zurück von der Kapelle, zurück zum Rundwanderweg, zurück zum überdachten Stein.

Nach unten geht es in Richtung Schwarzenbach. Die A 62, die von Trier kommt und nach Kusel und Kaiserslautern führt, wird kurz vor Schwarzenbach überquert.

Wir erreichen den Ortskern von Schwarzenbach. Im Ort, nur wenige Meter vom Wanderweg, wartet die Gaststätte „Der Freihof" auf hungrige und durstige Wanderer.

Wir müssen in Schwarzenbach zunächst durch die Oldenburger Straße nach rechts und anschließend in die Hunnenringstraße, die in einem kleinen geteerten Pfad endet. Wir folgen, wenn wir die Eichenlaubstraße zwischen Sötern und Otzenhausen erreicht haben, der Wegführung nach links über die Brücke der alten Eisenbahntrasse. An deren Ende überqueren wir die Landstraße und es beginnt ein erster Anstieg zur Fliehburg. Der runde Waldkegel erwartet uns mit einem ordentlichen Aufstieg und anschließend, wenn wir oben am Ringwall angekommen sind, mit einer imposanten Aussicht.

Am Keltischen Ringwall

Eingetaucht in ein Meer von Bäumen steht man auf Millionen von Steinen und kann sich kaum satt sehen an diesem Blick in die weite Landschaft.

Der Ringwall gehört zu den eindrucksvollsten frühgeschichtlichen Befestigungsanlagen Europas. Die Gesteinsblöcke waren ursprünglich in keltischer Trockenmauertechnik aufeinander geschichtet und anschließend durch vernagelte Zwischenlagen von Querhölzern stabilisiert worden. Natürlich verfaulte im Laufe von Jahrhunderten das Holz, die ursprünglich 40 Meter hohe Mauer verfiel zum heutigen Steinwall, der immer noch eine Höhe von 15 Metern misst.

Unser Weg führt quer über den Wall, anschließend über den Höhenrücken, vorbei an der Schutzhütte, dann geht es wieder nach unten.

Am Ende des Abstiegs verlassen wir den Wald, überqueren die Straße zwischen Otzenhausen und Züsch und gehen weiter über den Parkplatz geradeaus Richtung Nonnweiler Talsperre, die wir nach wenigen Minuten erreicht haben.

1982 wurde die Talsperre fertig gestellt. Sie hat ein Fassungsvermögen von rund 20 Millionen Kubikmetern. Zunächst als

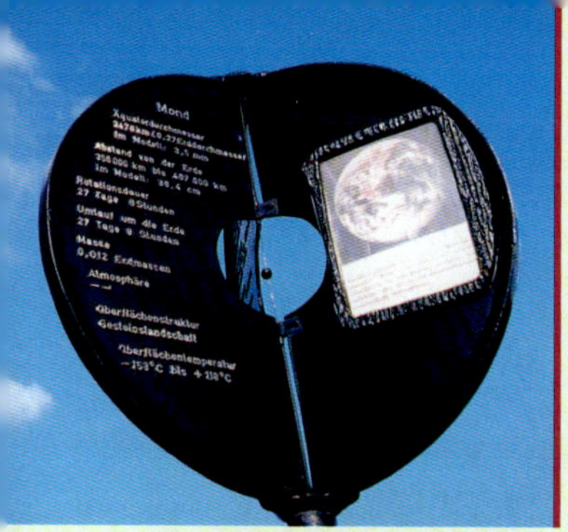

Hinweis zum Planetenwanderweg

Trinkwasserreservoir konzipiert, wird heute ein großer Teil des Wassers für die Industrieanlagen im Saartal zur Verfügung gestellt.

Um den Stausee führt ein 12 km langer Rad- und Wanderweg. Nach Voranmeldung kann man eine Führung durch die technischen Einrichtungen des Staudammes mitmachen.

Der Weg führt nach links, am Ufer entlang erreichen wir die Staumauer der Primstalsperre. Hier ist auch der Start des so genannten Planeten-Wanderwegs. Dieser Weg an der Talsperre in Nonnweiler wurde 1996 gemeinsam vom Talsperrenverband und der Gemeinde Nonnweiler gestaltet. Bereits auf dem Staudamm hat man die Modelle von Merkur, Venus, Mars und das Erde-Mond-Modell errichtet. Auf dem weiteren Weg um den See folgen dann noch die Darstellungen der Planeten Jupiter, Saturn, Uranus, Neptun und Pluto.

Von der Staumauer, vorbei am von Paul Schneider in Form gebrachten Stein, verlassen wir den See. Nach wenigen Metern führt eine Treppe nach rechts unten. Der Treppe und Markierung folgend erreichen wir am Ende die 62 Meter hohe Staumauer.

Vorbei an der idyllisch dahinfließenden Prims erreichen wir auf schattigem Weg nach einem Kilometer die ersten Häuser von Nonnweiler und sehen vor uns die wuchtigen Mauern des neogotischen Hochwalddoms. Nach wenigen Minuten - der Weg führt durch die Mühlengasse - sind wir in der Hauptstraße von Nonnweiler angelangt.

Primstalsperre

Aus dem Tagebuch von... Marco Muhar

Das Geheimnis der Kelten – Steine, Steine, Steine. So viele Steine. Der Hunnenring – richtig müsste er eigentlich „Keltenring“ heißen – erstreckt sich vor uns.

25 Meter hoch war der Wall einmal, so hoch wie ein achtstöckiges Haus. Die Mauer ist 2,5 Kilometer lang, die Felsbrocken für diese Verteidigungsanlage würde 20000 Eisenbahnwaggons füllen. Nur dass die Treverer Kelten um 100 v. Chr. keine Eisenbahnwaggons hatten. Lange Zeit halte ich es für unvorstellbar, dass Menschen diese Massen transportiert haben sollen.

Wer konnte diese Arbeit leisten?
Wurden die überhaupt bezahlt?
Dann fällt mir des Rätsels Lösung ein:
Die Treverer Kelten hatten einfach sehr, sehr viele Volontäre.

Im Landgasthof Paulus im nördlichen Saarland können Sie im behutsam restaurierten **Bauernhaus** unbeschwert die Seele baumeln lassen: bei sonnigem Wetter und an lauen Abenden auf der lauschigen Weinterrasse oder drinnen, sei es im mediterranen Wintergarten, im eleganten Esszimmer, in der behaglichen Stube oder in den magisch-sinnlichen Räumen des **Wein & Genuss Zentrums**.

Schon seit vielen Jahren sind wir - Thomas A. Nickels und Sigrun Essenpreis - bekannt für unsere außergewöhnliche Weinkultur. Spaß, Vielfalt und **Genuss** ist unser Motto. Spitzenweine aus aller Welt servieren wir glasweise. Wir kennen die Winzer, wir besuchen die Weinbauregionen in aller Welt und teilen gerne mit Ihnen unsere Entdeckungen.

Und was ist das Besondere an der Küche des Landgasthof Paulus? Weniger ist mehr! Auf den ersten Blick: alltägliche, unspektakuläre Gerichte! Auf den zweiten Blick: Gerichte mit spektakulärer, unalltäglicher Qualität! In einer **Zeit ohne Zeit**, nehmen wir uns die Zeit, Sie im wahrsten Sinn des Wortes zu bekochen. Bei uns ist alles hausgemacht. Wir bereiten unsere Suppen und Soßen selbst. Wir setzen in unserer Küche mit Vorliebe Produkte ein, die in unserer **Region** heranwachsen und nach ökologischen Richtlinien erzeugt werden.

Warum erzählen wir Ihnen das alles? Um Sie daran zu erinnern, dass es sie noch gibt die guten, genussreichen Dinge im Leben.

Herzlichst
Ihre Gastgeber vom

Landgasthof Paulus
Prälat-Faber-Straße 2-4
66620 Nonnweiler OT Sitzerath
Telefon 06873-91011
www.landgasthof-paulus.de

**Leicht zu finden,
schwer zu übertreffen!**

Von Wasserlauf zu Wasserlauf

Nichts Spektakuläres erwartet den Wanderer auf dem Weg von Nonnweiler nach Weiskirchen.

Spektakulär ist allerdings die Landschaft im Herzen des Naturparks Saar-Hunsrück. Der Weg zieht sich entlang des Schwarzwälder Hochwaldes, mal bergan mit überraschenden Ausblicken weit ins Land, mal bergab durch Wiesentäler mit Streuobstwiesen, Bachauen und landwirtschaftlichen Nutzflächen. Kleine Flüsse und Bäche müssen mehrfach überquert werden. Nachdem das Tal der Prims in Nonnweiler verlassen wurde, müssen wir später zwischen Kostenbach und Oberlöstern über die Löster. Den Lohbach überqueren wir hinter Oberlöstern, die Wadrill erwartet uns zwischen Gehweiler und Reidelbach und kurz vor unserem Ziel in Weiskirchen müssen wir auch noch über den Wahnbach.

Ortsporträt

Im Schnittpunkt der beiden Autobahnen A 1 und A 62 gelegen, ist Nonnweiler die nördlichste Gemeinde des Saarlandes (sie umfasst Bierfeld, Braunshausen, Kastel, Nonnweiler, Otzenhausen, Primstal, Schwarzenbach und Sitzerath).

Die Talsperre Nonnweiler gehört zu den touristischen Hauptattraktionen der Region. Rund 20 Millionen Kubikmeter Wasser werden hier gespeichert. Eingebettet in die waldreiche Hochwaldlandschaft ist der Rundweg um die Talsperre ein Paradies für Radfahrer, Wanderer und Naturfreunde.

Nonnweiler, Hochwalddom

Freizeit, Sport und Spaß bietet der Peterberg bei Nonnweiler-Braunshausen auf einer der längsten Sommerrodelbahnen Deutschlands. 1000 Meter lang ist die Talfahrt. Von April bis Oktober wird man auf den 584 Meter hohen Peterberg hinauftransportiert. Durch Kurven, Bögen, Schwünge und über Jumps geht die Fahrt abwärts zum Fuß des Berges. Auf dem Berggipfel steht übrigens die einzige Volkssternwarte des Saarlandes.

Eisenerzfunde und reiche Holzvorkommen schufen ideale Bedingungen für die erste Eisenverhüttung am Oberlauf der Prims. Sobald die industrielle Revolution mit modernen Produktionsformen die Verhüttung von Erzen bestimmte, ver-

Entlang der Talsperre

schwand die im 16. Jhd. entstandene Eisenverhüttung in Kastel, Nonnweiler sowie bei und in Braunshausen (Mariahütte). Das Industrie-Kultur-Denkmal „Mariahütte“ zeugt von der vorindustriellen Verhüttung von Eisen.

Einzigartig ist Mariahütte insbesondere durch die Ensemblewirkung verschiedener erhaltener Gebäude, wie z. B. der alten Fabrikhalle, der Villa, dem Herrenhaus oder der klassizistischen Kapelle. Die Eisenhütte wurde 1722 von dem belgischen Unternehmer Remacle d'Hauzeur gegründet.

1764 wurde sie von Carl Gottbill übernommen, erweitert und seither „Mariahütte“ genannt. Als Wohnsitz seiner Familie errichtete er das Herrenhaus. Auch eine Kutschenremise, das so genannte Eulenhaus, ist aus dieser Zeit erhalten geblieben.

Gegen Ende des 19. Jhd. entstand das Hofgut mit seinen Stallungs- und Wirtschaftsgebäuden. Um die Jahrhundertwende wurde die Produktion der Hütte umgestellt, 1960 ging sie in den Besitz der Firma Karl Diehl über. Die Mariahütte ist die letzte erhaltene der ehemals zahlreichen kleinen Hochwaldhütten.

Parken: am Rathaus oder am Hochwalddom in Nonnweiler

Wegstrecke: 20 km

Startpunkt: Nonnweiler Hochwalddom

Informationen: Tourist-Information St. Wendeler Land, Bosen, Telefon: 0 69 52 / 90 11-0,
Kur- und Verkehrsamt Nonnweiler, Nonnweiler, Telefon: 0 68 73 / 6 60-19,
Kurverwaltung Weiskirchen, Weiskirchen, Telefon: 0 68 76 / 72 24,
Tourismusverband Merzig-Wadern, Merzig, Telefon: 0 68 61 / 7 38 74,
Hochwald Touristik GmbH, Weiskirchen, Telefon: 0 68 76 / 7 09 37

Wegmarkierung: rot/weißes Rechteck

Einkehren: Hotel-Restaurant Reidelbacher Hof, Reidelbach, Telefon: 0 68 71 / 9 03 50

Übernachten: Flair Parkhotel Weiskirchen, Telefon: 0 68 76 / 91 90

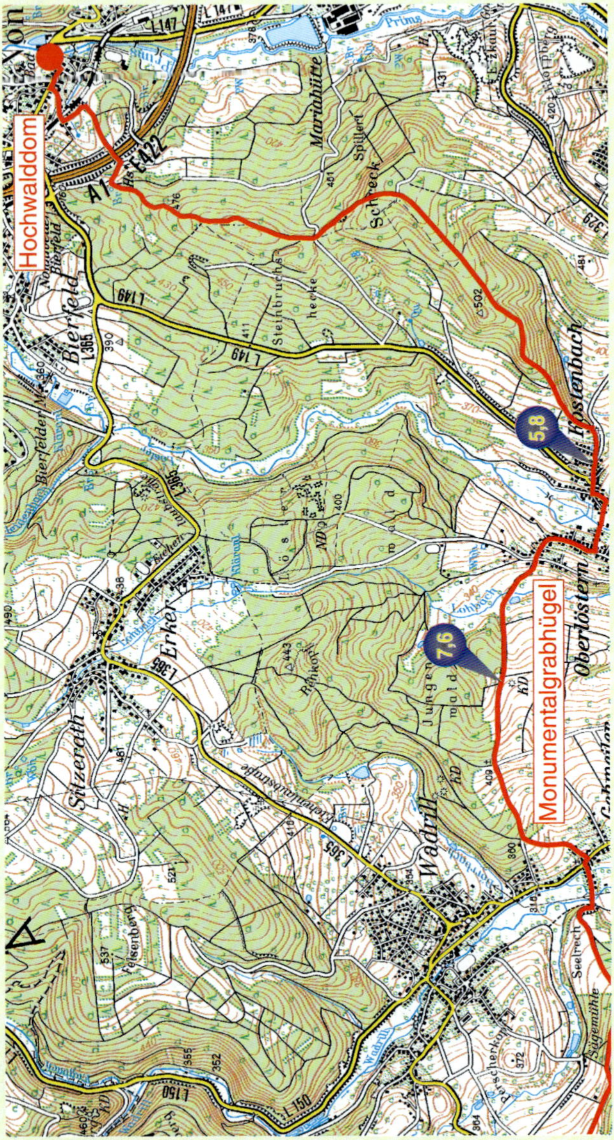

Hochwalddom
5,8
7,6
Monumentalgrabhügel

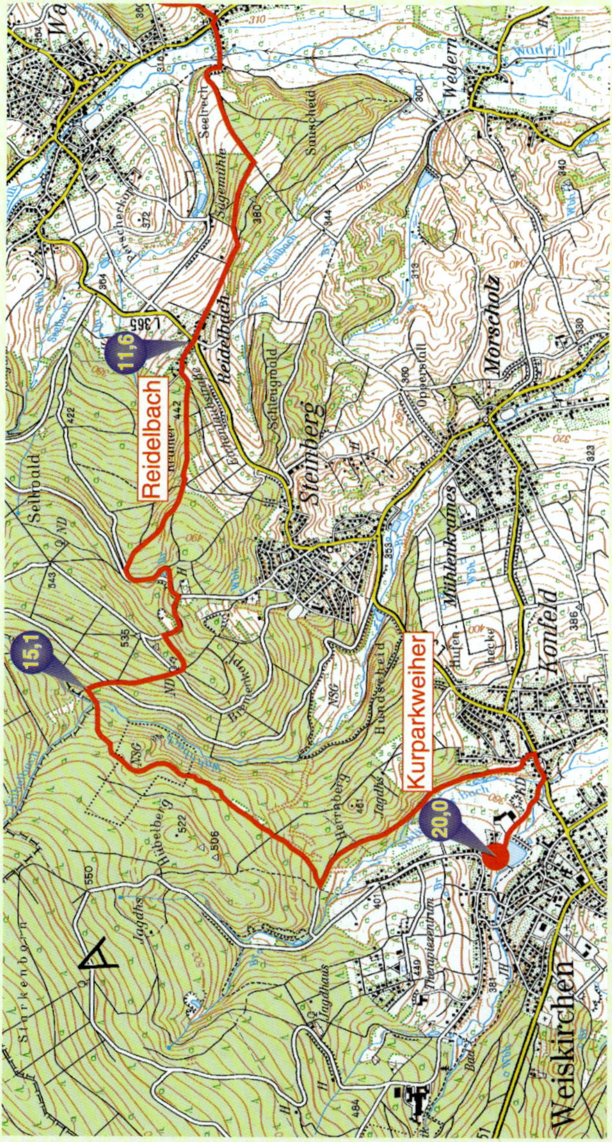
Reidelbach
11,6
15,1
Kurparkweiher
20,0
Weiskirchen
Konfeld
Steinberg
Morscholz
Mühlenkrames
Wedern
Reidelbach
Sauscheid
Seelrech
Sägemühle
L 365

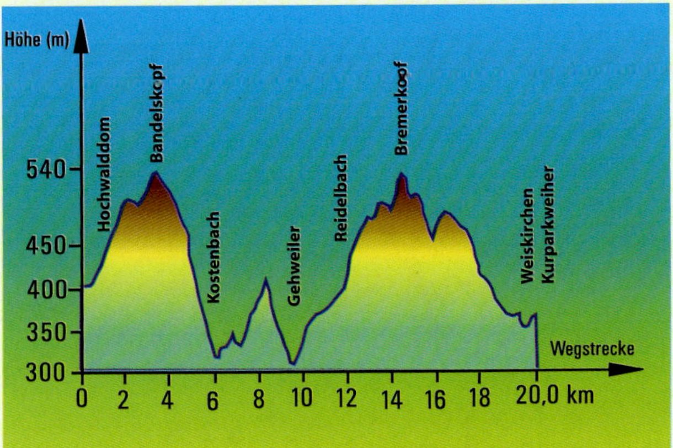

Höhenprofil - 10. Etappe

Wegbeschreibung

Rathaus Nonnweiler

Vom Hochwalddom geht es zunächst bergan durch die Trierer Straße und vorbei am alten Rathaus. Wenig später biegen wir links ab in die Straße In der Seiters. Vorbei an der Post überqueren wir kurze Zeit danach die Bahngleise und folgen dann der Beschilderung wieder nach links in die Straße Zum Spillert.

Der Weg führt schon bald nach oben. Es wird nicht der letzte Anstieg dieser Etappe sein. Die Autobahnverbindung Saarbrücken - Trier wird überquert. Hinter der Brücke folgen wir der Wegführung und Beschilderung nach rechts. Unten im Tal hinter uns liegt Nonnweiler, die Dammkrone der Talsperre ist von hier gut auszumachen. Wir tauchen ein ins große Waldgelände zwischen Nonnweiler und Kostenbach.

Über einen schattigen, teils schmalen Wald- und Wiesenweg erreichen wir eine große Kreuzung. Es geht zunächst weiter bergan, ehe wir später bergab Kostenbach und das Tal der Löster erreichen. Hier müssen wir durch die Straße Im Buchenfeld und vorbei am Gasthaus Adams. Die Nonnweilerstraße muss überquert werden. Über die Oberlösternerstraße und weiter durch die Hubertusstraße überqueren wir die Löster.

In Oberlöstern folgen wir der Beschilderung römische Monumentalgrabhügel zunächst durch die Lohbachstraße und treffen bald auf den so genannten Menhir von Oberlöstern.

Auf dem Weg

„Die Geheimnisvolle Reise Durch Das Sagenhafte Löstertal“, heißt eine liebevoll gestaltete Broschüre der Stadt Wadern. An den Oberlösterner Menhir knüpft eine Sage, die man allgemein als die „Menhirsage“ bezeichnet.

Wir verlassen am Menhir die Ortsbebauung und sind kurze Zeit später im Tal des Lobaches, der schon bald überquert wird. Auf der Anhöhe erkennen wir bereits die Monumentalgrabhügel und auf halbem Weg nach oben haben wir sie auf freiem Feld erreicht.

1991 hat man hier beim erstmaligen Einsatz eines tiefer gehenden Pfluges bearbeitete Sandsteinfragmente und Bruchstücke von Halbwalzen an die Oberfläche gebracht.
Zwischen 1991 und 1995 wurden dann umfangreiche Grabungen durchgeführt. Man war sich sehr schnell einig, dass es sich hier um Monumentalgrabhügel aus der Römerzeit handeln musste. Im Rahmen einer Arbeitsbeschaffungs-Maßnahme wurden die beiden Grabhügel in den Jahren 2000 und 2001 rekonstruiert. Ein Symbol für Unvergänglichkeit und Hoffnung auf ein Weiterleben nach dem Tod sind die beiden nachgebildeten Pinienzapfen auf den Grabhügeln.

Weiter geht es nach oben. Am Ende des Anstiegs erwartet uns ein schattiger Ort mit der Bruder Klaus Kapelle. Die Kapelle erinnert an Nikolaus Löwenbrugger, der 1417 als Sohn des Bauern Heinrich Löwenbrugger in der Schweiz geboren wurde. Am 14. Oktober 1467, dem Gallustag, entschließt sich der 50-jährige Nikolaus, Vater von fünf Töchtern und fünf Söhnen, seine Frau, seine Kinder und sein Zuhause zu verlassen, um fortan in der Einsiedelei zu leben.

Die Monumentalgrabhügel

Bruder Klaus Kapelle

Die Kapelle ist im Sommer 1989 von freiwilligen Helfern erbaut worden. Der Bau der Kapelle geht auf Wallfahrten nach Flüeli in die Heimat von Bruder Klaus zurück, an denen sich Angehörige der Pfarreien Löstertal und Wadrill beteiligten. Sie brachten die Statue des Heiligen mit, die von dem Schweizer Bildhauer Robi Odermatt in Anlehnung an die ältesten Darstellungen des Heiligen gestaltet wurde.

Nur wenige Meter neben der Kapelle hat im Herbst 2003 die Zusammenführung der beiden saarländischen Skulpturenstraßen stattgefunden. Leo Kornbrust hatte die Idee der Skulpturenstraße zwischen St. Wendel und dem Bostalsee, Paul Schneider initiierte die Steine an der Grenze bei Merzig. Die neuen Skulpturen sind der Beginn der „Straße des Friedens". Ein Weg der sicherlich lang und steinig werden wird, sollen doch die Städte Paris, Berlin und Warschau bis hin nach Moskau miteinander verbunden werden. Auf der Höhe zwischen Oberlöstern und Gehweiler ragt der Stein von Leo Kornbrust weit ins Land. „Skulptur mit Lichtschlitzen" hat er sie genannt. Vier Meter ist die Skulptur hoch und besteht aus fünf unterschiedlichen Granitarten, die auf die fünf Kontinente hinweisen sollen. Die Weite der Landschaft inspirierte Kornbrust dann, den Stein durch zwei vertikale Lichtschlitze für die Sonne zu öffnen.

Friedensstein von Leo Kornbrust

In unmittelbarer Nähe steht auch der Stein von Paul Schneider. Er widmete sich bei der Bearbeitung seines Steines ebenfalls der Sonne. In seinen Granitblock hat Schneider eine Öffnung für Licht und Dunkelheit gearbeitet. Das Tal der Wadrill wartet auf uns. Über die Straße Am Rehkopf erreichen wir bergab Gehweiler, überqueren die Hauptstraße und wandern weiter durch die Reidelbacherstraße. Wenn wir die Talsohle erreicht und die Wadrill überquert haben, folgt bereits der nächste Anstieg. Und wenn wir dann wieder den Wald verlassen, liegt vor uns ein kleiner Ort direkt an der Eichenlaubstraße: Reidelbach, eine der kleinsten Gemeinden des Saarlandes. Die Dorfstraße bringt uns zum Hotel Restaurant Reidelbacher Hof, ein idealer Ort für die Mittagsrast.

Die erste urkundliche Erwähnung Reidelbachs stammt aus dem Jahr 1332. In der Urkunde werden die Zinsguterben des Reidelbacher Hofes erwähnt. Funde am Rinnsal Reidelbach belegen, dass bereits 400 n. Chr. eine gallo-römische Siedlung in dieser Gegend gestanden haben

Menhir in Oberlöstern

muss. Das 1763 gebaute „Franz-Haus“ ist heute noch bewohnt.

Nach der Rast verlassen wir Reidelbach der Beschilderung folgend leicht nach oben Richtung Wald. Vor dem letzten Haus führt uns der Weg über einen Wiesenpfad nach links, zunächst Richtung Steinberg, ehe wir dann wieder in den Schwarzwälder Hochwald gelangen.

Unser nächstes Ziel ist das Naturschutzgebiet Wahnbachtal. Vorbei am Bremenkopf erreichen wir das Tal des Wahnbachs. Wir befinden uns in unmittelbarer Nachbarschaft zu Rheinland-Pfalz.

Nach dem Zweiten Weltkrieg verlief hier die Grenze zwischen dem Saarland und der Bundesrepublik Deutschland. Im schummrigen Licht des dichten Nadelwaldes hatten die Schmuggler leichtes Spiel. Während einer viertägigen Wanderung durch den Hochwald, die von den Veranstaltern als „Die Hochwald Wunderung“ angeboten wird, werden unter anderem auch Schmuggler-Szenen mitten im Wald nachgespielt. Die Hochwald Touristik GmbH in Weiskirchen bietet weitere Informationen zu diesem außerordentlichen Wanderspektakel.

Wenn wir das Wahnbachtal verlassen haben und um den Herrenberg gewandert sind, erreichen wir entlang des

Schlittentaler Bachs über die Straße In der Lohmühle den Ortsanfang von Konfeld, das bereits zu Weiskirchen gehört. In der Ortsmitte müssen wir nach rechts durch die Brunnenstraße und vorbei an der Kirche und den Afrika Stuben. Über die Konfelder Straße und Kurparkstraße erreichen wir den Kurpark mit seiner Weiheranlage. Linker Hand hinter dem Kurpark erkennt man das Rathaus von Weiskirchen, rechter Hand das Parkhotel Weiskirchen mit dem angegliederten Gesundheitszentrum Vitalis.

Rathaus Weiskirchen

SONNTAGS:
FAMILIEN- UND FESTTAGS-BRUNCH
ab 11 Uhr
EUR 21,- p.P.
Parkhotel
WEISKIRCHEN
FLAIR PARKHOTEL WEISKIRCHEN
Kurparkstr. 4 · 66709 Weiskirchen · Tel.: 0 68 76 / 91 90 · Fax: 91 95 19
E-Mail: info@parkhotel-weiskirchen.de · Internet: www.parkhotel-weiskirchen.de

Hochwald!
Touristik
PREMIUM-CLASS KURORT
präsentiert:
Weiskirchen
HOCHWALD TOURISTIK GMBH
Rathaus · 66709 Weiskirchen · Tel.: 0 68 76 / 7 09 37 · Fax: 7 09 38
E-Mail: hochwald-touristik@weiskirchen.de · Internet: www.weiskirchen.de

Aus dem Tagebuch von... Ricarda Wackers

Anmerkungen zur Wortgeschichte:
Hier im Hochwald befinden wir uns in der Heimat der Hartfüßler. So nannte man in vergangenen Tagen die Hochwälder, die zur Arbeit in Hütten und Gruben ins Saartal wanderten. Nur am Wochenende kamen sie nach fünf bis sechs Stunden Fußmarsch zurück zu Familie und Hof. An den Frauen blieb damals wohl die Hauptarbeit hängen: die Kinder aufziehen, den Hof bewirtschaften – ein hartes Leben. Dafür liefen sich die Männer natürlich jede Woche furchtbare Blasen, die höllisch schmerzten – daher der Name „Hartfüßler".

Dass diese Bezeichnung von den „harten", weil genagelten Schuhen der Männer herrührt, ist eine Irrlehre, die nur von Sektierern verbreitet wird, die sich noch nie im Leben eine Blase gelaufen haben.

Vom Schwarzwälder Hochwald zum Ufer der Saar

Allein vier Erlebniswege säumen den Weg vom Schwarzwälder Hochwald in Weiskirchen zum Ufer der Saar in Mettlach.
In Waldhölzbach hat man einen 1,7 km langen Barfußwanderweg angelegt, um Natur hautnah zu erleben. In Scheiden verbindet ein 12 km langer Felsenwanderweg verschiedene Felsformationen miteinander. In Britten begegnet man auf dem Wegkreuze-Wanderweg rund um Britten insgesamt 16 Wegkreuzen aus Sandstein und einem Kreuz aus Holz. Auf dem Naturerlebnis- und Tastpfad, der ebenfalls in Britten zu finden ist, wird auf 2 Kilometern Länge die Natur mit allen Sinnen erfahrbar. Der Saarland-Rundwanderweg bringt uns von den Höhen des Hochwalds zum höchstgelegenen Ort des Saarlandes nach Scheiden, ehe wir dann über Bergen und Britten Saarhölzbach erreichen und vom Vogelfelsen aus einen imposanten Blick auf den Lauf der Saar genießen können.

Ortsporträt

In den Mittelgebirgslandschaften des Schwarzwälder Hochwalds in einer Höhenlage zwischen 300 – 700 m liegt die Kur- und Tourismusgemeinde Weiskirchen inmitten ausgedehnter Laub- und Nadelwälder.

Die Region Saar-Hunsrück wurde wegen ihrer Eigenart, Vielfalt, Schönheit und ihres Erholungswertes als Naturpark ausgewiesen. Der Erhalt der Landschaft kann nur durch die Nutzung gewährleistet werden. Dem Naturschutz und auch den touristischen Belangen soll gleichermaßen entsprochen werden.

Eine intakte Natur und eine aufgeschlossene gastfreundliche Bevölkerung stellen dabei das Kapital für den Tourismus dar.

Mit Inkrafttreten der Gebietsreform im Jahre 1974 wurde die jetzige Gemeinde Weiskirchen mit den Ortsteilen Konfeld, Rappweiler, Thailen, Weierweiler und Weiskirchen gebildet.

Erste Spuren einer frühgeschichtlichen Besiedelung in der Gegend um Weiskirchen sind geschliffene Beile der jüngeren Steinzeit (4500 - 3000 v. Chr.). Die Mitte des 19. Jhd. entdeckten drei Fürstengräber stammen aus der Frühlatènezeit (450-280 v. Chr.). Auch aus römischer Zeit sind Funde nachzuweisen, so z. B. der Grabstein des Martialis, mehrere Brandgräber, Münzfunde, Scherben und Fundamentreste.

Kurparkweiher, Garten der Sinne

Die erste urkundliche Erwähnung Weiskirchens reicht 1000 Jahre weit zurück, als der Ort in einer Schenkungsurkunde erwähnt wurde. Bis zum Jahr 1794 stand Weiskirchen unter der Herrschaft des Klosters St. Matthias in Trier. Neben dem Kurpark und dem Kurparkweiher ist vor allem die Kirche aus dem 12. Jhd. sehenswert.

Die Höhenlage bedingt ein mildes Reizklima. 120 km markierte und gut ausgebaute Wanderwege laden den Gast zum Spaziergang, aber auch zu großen Wanderungen ein. In das Radwegenetz des Landkreises Merzig-Wadern ist die Kurgemeinde Weiskirchen eingebunden. Die Kur- und Tourismusgemeinde Weiskirchen ist heilklimatischer Kurort und Kneippkurort. Mit dem neuen Bäderzentrum könnem ambulante Rehabilitationen sowie Kompakt- oder Klimakuren durchgeführt werden. Anwendungen finden im neuen Bäderzentrum VITALIS, im Reha-VITALIS, in der Hochwaldklinik oder in Praxen für physikalische Therapie statt.

Parken: am Rathaus in Weiskirchen oder am Parkhotel

Wegstrecke: 28,2 km

Startpunkt: am Kurparkweiher

Informationen:
Tourismusverband Merzig-Wadern, Merzig,
Telefon: 0 68 61 / 7 38 74,
Hochwald Touristik GmbH, Weiskirchen,
Telefon: 0 68 76 / 7 09 37,
Saarschleife Touristik, Mettlach,
Telefon: 0 68 64 / 83 34

Wegmarkierung: rot/weißes Rechteck

Einkehren:
Jagdhaus Pension Leineweber, Scheiden,
Telefon: 0 68 72 / 62 86,
Mettlacher Abtei-Bräu, Telefon: 0 68 64 / 9 32 32,
Restaurant Schloss Ziegelberg, Mettlach,
Telefon: 0 68 64 /14 00

Übernachten: Haus Schons, Mettlach, Telefon: 0 68 64 / 12 14,
Hotel Saarpark, Mettlach, Telefon: 0 68 64 / 9 20-0

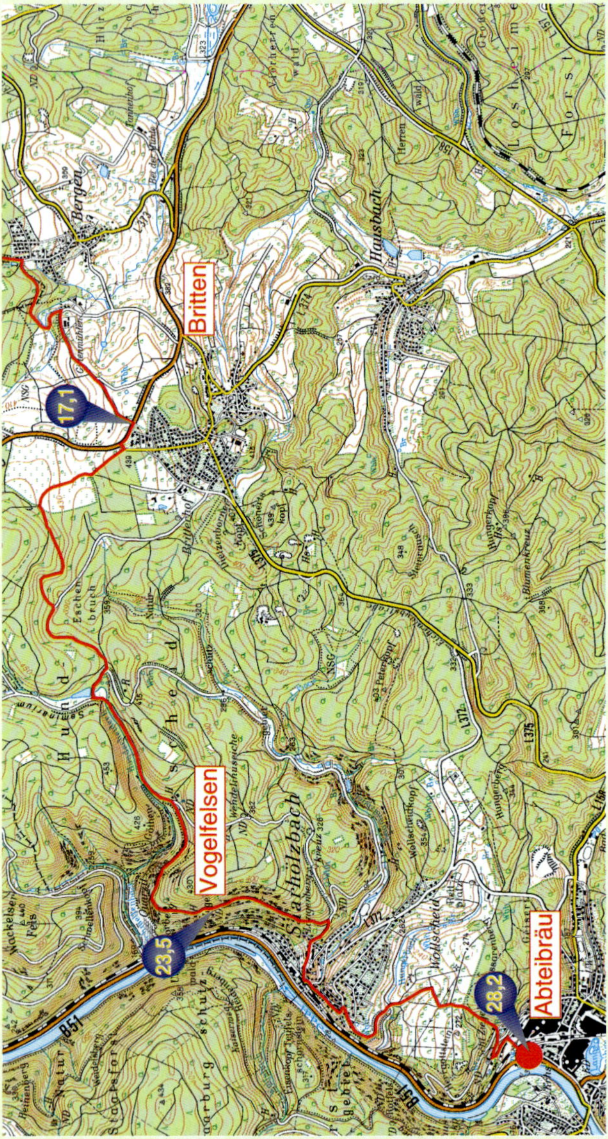

Britten
17,1
Vogelfelsen
23,5
Abteibräu
28,2
Hausbach
Bergen

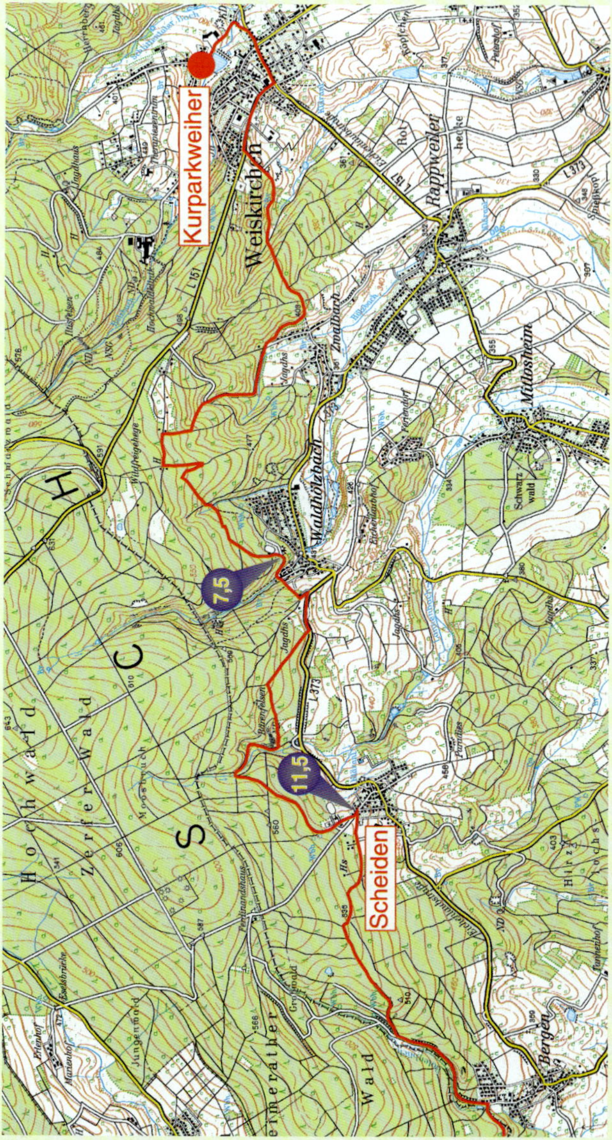
Kurparkweiher
Weiskirchen
Rappweiler
Zwalbach
Waldhölzbach
Mitlosheim
7,5
11,5
Scheiden
Bergen
Hochwald
Zerfer Wald
L 151
L 373
L 157

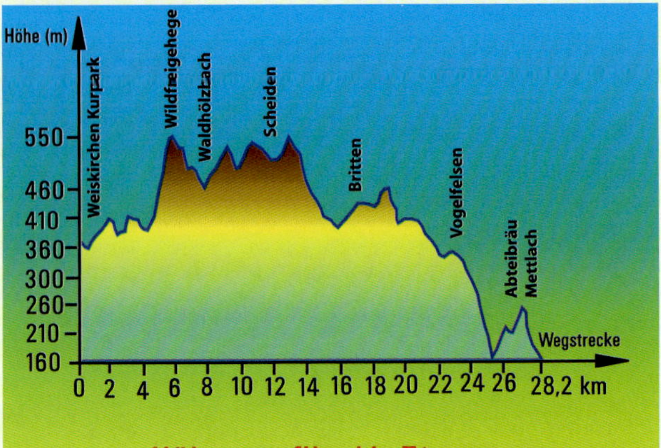

Höhenprofil - 11. Etappe

Staudengarten Weiskirchen

Wegbeschreibung

Vom Kurparkweiher aus lohnt sich noch ein kleiner Rundgang durch den unterhalb des Rathauses angelegten Staudengarten. Der Garten gehört zum Projekt „Eden - Gärten ohne Grenzen" im Bereich der deutsch-französischen-luxemburgischen Grenze. Der Staudengarten in Weiskirchen ist den englischen „Borders" nachempfunden. Wichtigstes Gestaltungsmerkmal neben den vielfältigen Stauden ist der stark gewundene Kalksplitterweg der sich durch den gesamten Garten zieht.

Vom Garten zurück zum Weg durch den Kurpark. Bereits an der ersten Laterne erkennen wir unser rot/weißes Rechteck, die Wegmarkierung des Saarland-Rundwanderweges.

Über die Jugendherbergsstraße erreichen wir die Trierer Straße, die Weiskirchen mit Rheinland-Pfalz verbindet. Die Trierer Straße muss überquert werden, anschließend halten wir uns nach links, ehe wir dann Richtung Eichenlaub Hof nach rechts abbiegen und dann weiter der Markierung folgen.

Der Weg führt nicht unmittelbar am Bochemer Kapellchen vorbei. Ein Abstecher lohnt sich. Die kleine Kapelle findet man am Wachtelkopf, wenn man am Feldweg zwischen Zwalbach und Rappweiler der Wegführung We 5 folgt. Nach verschiedenen Überlieferungen war Buchheim oder Buchem einer der ältesten Stützpunkte bei der Missionierung der Hochwaldregion.

Wahrscheinlich wurden das Dorf und die Kirche im Dreißigjährigen Krieg zerstört, nur die Kirche wurde später wieder aufgebaut.
Zurück zum Weg nach Mettlach. Der Ort Zwalbach wird linker Hand passiert, was dann folgt, ist Wald, Wald und immer wieder Wald.

uns das nördliche Saarland im wahrsten Sinne des Wortes zu Füßen. Weit reicht der Blick ins hügelige Saarland.

Nach wenigen Minuten haben wir wieder weichen Waldboden unter den Füßen. Vom so genannten Scheidener Bahnhof, einer Anhöhe mitten im Wald,

Jagdhaus Leineweber

müssen wir noch einen Kilometer bis Scheiden zurücklegen. Dort erwartet uns direkt an der Wegtrasse, unmittelbar am Dorfrand von Scheiden, das alte Jagdhaus Leineweber, das zur Mittagsrast einlädt.

Den Ortsrand von Waldhölzbach erreichen wir am ehemaligen Feuerwehrhaus, das inzwischen zu einem Backhaus umfunktioniert worden ist.
Kurz hinter dem Backhaus geht es wieder steil bergan auf einem kleinen Pfad, der uns an einigen steilen Felsformationen vorbeibringt.

Zwischen Waldhölzbach und Scheiden müssen wir für kurze Zeit den Wald verlassen und entlang der Landstraße zwischen Scheiden und Waldhölzbach wandern. Vom Aussichtspunkt „Blick ins Land“ liegt

Nach der Rast müssen wir zunächst vorbei am kleinen Feuerwehrhaus. Über die Straße Schau ins Land verlassen wir den Ort, sind zunächst auf freiem Feld, ehe wir wieder in den Wald eintauchen. Über das Rotenbachtal erreichen wir die ersten Häuser von Bergen, um gleich anschließend zwischen

dem Sportplatz und dem Fischerweiher wieder im Wald zu verschwinden. Den Wald verlassen wir erst am Reiterhof Girtenmühle kurz vor Britten. Für kurze Zeit öffnet sich die Landschaft und zwischen Wiesen und Feldern erreichen wir Britten, wenn wir die B 268 überquert haben.
Über viele Jahre hat die Heimatschriftstellerin Maria Croon, die am 13.5.1891 in Meurich bei Saarburg geboren wurde, in Britten gelebt, wo sie am 13. März 1983 verstarb. Maria Croon schrieb sehr lebensnah. Die Grenzen zwischen ihren literarischen Figuren und Personen aus ihrem Umfeld sind fließend. Am Ende ihres Schaffens hatte sie ein umfangreiches volkstümlich-literarisches Werk hinterlassen; sie schrieb Kurzprosa, Gedichte, Essays,

Theaterstücke und Romane. Viele ihrer Texte hat sie auch in ihrer moselfränkischen Mundart geschrieben.
In einem ihrer Gedichte, in dem sie ihr Dorf beschreibt, klingt das so:

Meijn Därfjen

„Meijn Därfjen es klän –
däu sescht, et sei net schejn,
Ech hun op der Wält –
nejscht Schejneres gesehjn.
De Gässjer sen kromp –
die Heisercher alt,
Dach en user Schduff –
wort't sejlewen net kalt.
De Leit sen gehejt –
on dach net bedross,
En Patt Viez on e Schdeck Bröut
– krejschd de ger on emsoss.
(...)

Ein Saar-Lor-Lux-Kulturwanderweg, der von Orscholz nach Saarburg führt und ihren Namen trägt, erinnert an den unmittelbaren Lebensbereich der Dichterin.

Für lange Zeit werden wir auf kurvenreichen Wegen durch ein weiteres ausgedehntes Waldgebiet weiterwandern.

Unten im Tal erreichen wir dann den Hundscheider Weiher, um von dort zum Höhepunkt der Wanderung zu gelangen, dem Vogelfelsen oberhalb von Saarhölzbach. Der Fels ragt vom Ufer der Saar knapp 150 Meter hinauf.

Weg zum Vogelfelsen

Von oben hat man einen imposanten Blick über den Lauf der Saar. Saarhölzbach liegt uns zu Füßen, und wenn man Glück hat, sieht man einen der schweren Lastkähne die Saar hinauf Richtung Mettlach fahren, dem Endpunkt der Wanderetappe.

Vom Vogelfelsen führt der Weg steil bergab, ehe wir Saarhölzbach erreichen. Auf dem Friedhof, den wir ebenfalls passieren, hat Matthias Enzweiler seine letzte Ruhe gefunden. Er wurde am 1. März 1900 in Bachem geboren und ist am 7. Juni 1987 in Saarhölzbach gestorben. Matthias Enzweiler war Schriftsteller, Volkskundler und Heimatforscher. Die Menschen seiner Heimat mit all ihrem Tun und Schaffen waren ihm sehr wichtig. Deshalb auch das Bewahren und Sammeln von Volkskunde jeglicher Art, denn, so hat er einmal geschrieben, ohne diese Volkskunde habe die Volksseele kein Spiegelbild. Auch an ihn erinnert ein Saar-Lor-Lux-Kulturwanderweg, der von seinem Geburtsort Bachem zu seinem Grab nach Saarhölzbach führt.

In Saarhölzbach müssen wir quer durch den Ort der Beschilderung folgen. Bereits in der Dorfmitte folgt dann der vorletzte Anstieg des Tages. Hinter Saarhölzbach verläuft der Weg zunächst durch üppige grüne Wiesen, ehe dann noch einmal eine Steigung in Angriff genommen wird. Oben angekommen heißt es: Von nun an geht es bergab. Über Schloss Ziegelberg erreichen wir unser Ziel Mettlach.

Alte Abtei Mettlach

METTLACHER ABTEI - BRÄU
Die Erlebnis-Brauerei
· hautnah erleben, wie unser Bier gebraut wird - das naturbelassene, unfiltrierte Mettlacher Abtei-Bräu
· Saarländische Spezialitätenküche
· urige Atmosphäre, schöner Biergarten
· auch für Familienfeiern, Betriebsfeiern und Busgruppen die richtige Adresse
· Brauereiführungen auf Anfrage
Mettlacher Abtei-Bräu
Bahnhofstr. 32 · 66993 Mettlach
Tel. 06864/93232 · Fax 93235
Internet: www.abtei-brauerei.de
Täglich 11-25 Uhr (Mo Ruhetag)

Aus dem Tagebuch von... Ricarda Wackers

Ich glaub', ich steh' im Wald –

Der Weg hat uns wieder, und ziemlich unsanft holt uns der erste Anstieg im Hochwald hinter Weiskirchen von Wolke sieben herunter. Schweiß rinnt, alles schnauft. Es ist nicht der einzige Stich, den wir heute bezwingen.

Die Buchheimer Kapelle, die uns Wanderführer Helmut Klein als sehenswert empfiehlt, lassen wir unbeeindruckt links liegen, ebenso Zwalbach-Rappweiler. Unsere ganze Aufmerksamkeit gilt dem Weg mit seinen famosen Anstiegen. Alles marschiert eifrig und in zügigem Schritt. Nur ab und zu gibt es eine kleine Pause, um wieder zu Atem zu kommen.

Wir halten uns in Richtung Waldhölzbach. Der Name dieses Ortes bezeichnet übrigens ziemlich genau das, was man auf dem Weg dorthin sieht: außer Wald und Holz nicht viel.

Willkommen im Erlebniszentrum
„The House of Villeroy & Boch“
– Ihrem besonderen Ausflugsziel im Saarland
erleben
Keravision mit Film „250 Jahre Villeroy & Boch“
Erlebniswelt Tischkultur
Keramikmuseum Mettlach
Informationszentrum Bad, Küche, Fliesen und Wellness
Alter Turm, Living Planet Square mit Erdgeist
Factory Outlets in der Fußgängerzone
Erlebniszentrum in der Alten Abtei
Saaruferstraße · 66693 Mettlach
Tel.: 06864/81-1020
Öffnungszeiten: Mo. – Fr.: 9.00 – 18 Uhr
Sa./So.: 9.30 – 16 Uhr
www.villeroy-boch.com
Villeroy & Boch
1748

Vom Ufer der Saar zum Aussichtspunkt Cloef

Der Weg von Mettlach nach Orscholz geht stetig bergan und endet oben auf der Cloef. Von dort hat man die Saarschleife am besten im Blick. Vor der Wanderung lohnt ein Abstecher zur Keravision von Villeroy & Boch. Hier wird ein Vierteljahrtausend Unternehmensgeschichte dokumentiert. Das angeschlossene Keramik-Museum zeigt Ausstellungsstücke aus allen Epochen. Ein anschließender Spaziergang durch den Park zum Alten Turm und zum Erdgeist von André Heller sollte obligatorisch sein.
Danach führt die Tagesroute zunächst von Mettlach über den Bergrücken zur Burgruine Montclair. Ein gut ausgebauter Pfad bringt uns später von der Burg zum Ufer der Saar und dann wieder zurück nach Mettlach, um von dort auf dem Saarland-Rundwanderweg nach Orscholz zu wandern.

Burg Montclair

Ortsporträt

Die Gemeinde Mettlach besteht seit der saarländischen Gebiets- und Verwaltungsreform im Jahre 1974 aus zehn vormals selbstständigen Ortschaften, wobei den Orten Mettlach und Orscholz eine zentrale Bedeutung zukommt. Die Gemeinde liegt im Landkreis Merzig-Wadern und in unmittelbarer Nachbarschaft zu Frankreich und Luxemburg. Ihre Ortschaften gruppieren sich um die überregional bekannte Saarschleife. Niedrigster Punkt der Gemeinde ist Saarhölzbach mit 154 m, höchster Punkt ist der Ortsteil Weiten, Langensteinchen mit 451 m.

Eckpfeiler für das neue wirtschaftliche Standbein von Mettlach sind der Industrietourismus (Direktvermarktung der Produkte), der Gesundheitstourismus (Eröffnung der Rehaklinik Saarschleife im Jahre 1993 und Anerkennung des Ortsteiles Orscholz als Luftkurort im Jahre 1997) sowie der Wander- und Radtourismus.

Zur Zeit des Barock, als die Abtei ihre Blütezeit erlebte, nahm die Keramikherstellung in Mettlach ihren Anfang. Viel weiter zurück auf der Zeitleiste reichen Zeugnisse wie der tausendjährige „Alte Turm", die

Ausblick über die Saarschleife

Alter Turm in Mettlach

ehemalige Benediktinerabtei, die Burg Montclair wie auch die mit Mosaiken reich geschmückte Pfarrkirche und das Keramik-Museum. Zwischen 987 und 994 erbaute Abt Lioffin eine Marienkirche, von der wesentliche Teile, bekannt als Alter Turm, heute noch stehen. Das historische Monument ist das älteste sakrale Bauwerk im Saarland. Der Alte Turm war Teil einer Kirche über achteckigem Grundriss.

Dass der Alte Turm heute noch erhalten ist, verdanken wir vor allem den beiden Kunstfreunden Karl Friedrich Schinkel und Eugen von Boch. Schinkel, der berühmte preußische Baumeister, hat sich bei einer Reise im April 1826 für das Bauwerk begeistert.

Einen wesentlichen Beitrag zur Erhaltung des Turmes hat auch Eugen von Boch geleistet, der den Bau Mitte des 19. Jahrhunderts durch eine umfassende Renovierung sicherte.

1809 erwarb Jean-François Boch die Alte Abtei. Ihre Lage war bestens geeignet, die Rohstoffe per Schiff anzuliefern, auch bot die Region reiche Vorräte an Holz und Kohle, die für die damalige Keramikproduktion benötigt wurden.

Schnell wuchs ein Industriezentrum heran, das später sogar die Eisenbahn nach Mettlach brachte. Seither lenkt das Unternehmen von Mettlach aus seine weltweiten Aktivitäten.

Die über 250 Jahre alte Abtei gilt heute als eines der schönsten Fabrikgebäude. Die neu gestaltete Keravision im Erlebniszentrum der Firma Villeroy & Boch verbindet 250 Jahre Firmengeschichte mit der Darstellung der aktuellen Produkte. Die Keravision befindet sich in der Benediktinerabtei und hat von Montag bis Freitag von 9.00 - 18.00 Uhr sowie samstags, sonn- und feiertags von 9.30 - 18.00 Uhr geöffnet.

Parken: Parkplatz an der Erlebnis-Brauerei Mettlacher Abtei Bräu

Wegstrecke: 15 km

Startpunkt: Mettlacher Abteibräu

Informationen: Tourismusverband Merzig-Wadern, Merzig,
Telefon: 0 68 61 / 7 38 74,
Saarschleife Touristik, Mettlach,
Telefon: 0 68 64 / 83 34

Wegmarkierung: von Mettlach bis zur Burg Montclair: Weg 13 (rote 13 auf weißem Untergrund), von Mettlach nach Orscholz rot/weißes Rechteck

Einkehren: Turmstube auf der Burg Montclair,
Telefon: 0 68 64 / 22 42

Übernachten:
Hotel Restaurant Zur Saarschleife, Orscholz,
Telefon: 0 68 65 / 1 79-0,
Gesundheitszentrum Saarschleife, Orscholz,
Telefon: 0 68 65 / 90-0

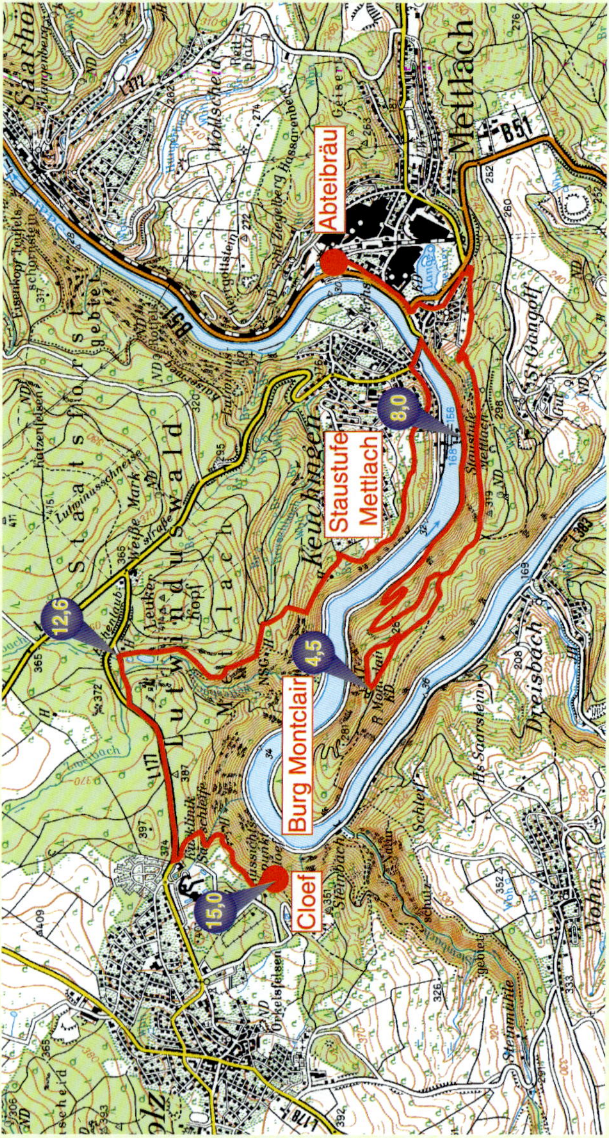
Abteibräu
Staustufe Mettlach
8,0
Burg Montclair
4,5
12,6
Cloef
15,0
Mettlach
Keuchingen
Dreisbach
B51

Ländliche Lebensfreude Live®
Unser Hotel bietet Ihnen saarländische Gastfreundschaft und gepflegtes Ambiente in 47 individuellen Komfortzimmern, Suiten und Ferien-Maisonetten. Lassen Sie sich kulinarisch verwöhnen mit saarländischen Gerichten und kreativen Köstlichkeiten aus der Saarwirtsküche in unserem Restaurant und unseren Banketträumen (20 – 200 Personen).
Gönnen Sie sich Erholung pur bei uns an der Saarschleife. Wir freuen uns auf Sie.
Landidyll Hotel Zur Saarschleife
Fam. Buchna, Cloefstr. 44
D-66693 Mettlach-Orscholz
Telefon: +49 (0)6865 / 179-0, Fax: 179-30
hotel-zur-saarschleife@t-online.de
www.hotel-saarschleife.de
www.landidyll.de/zur-saarschleife
Zur Saarschleife
HOTEL
RESTAURANT
Landidyll
Ländliche Lebensfreude Live Hotels

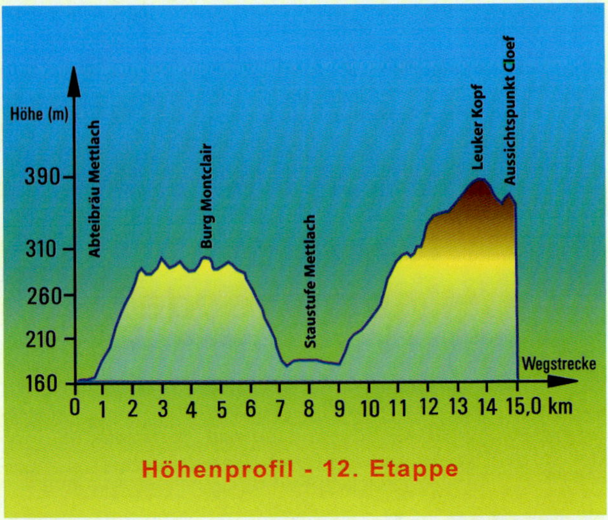

Schloss Saareck

Wegbeschreibung

Auf dem Weg zur Burg Montclair

Vom Parkplatz der Erlebnis-Brauerei in Mettlach wandern wir zur ehemaligen Benediktinerabtei, heute Verwaltungssitz von Villeroy & Boch, und gelangen in die Fußgängerzone. Durch die Freiherr vom Stein Straße müssen wir bereits in Mettlach leicht bergan. Nur kurze Zeit später bringt uns der Milchweg wieder auf angenehmen Waldboden und vorbei am Friedhof rechter Hand verlassen wir Mettlach.

Wir folgen dem gut ausgebauten Waldweg (Weg 13, rote 13 auf weißem Untergrund) und nach längerem Anstieg haben wir oben auf dem Bergrücken die Burgruine Montclair erreicht. Sie liegt auf dem Bergsporn, den die Saar in ihrer Schleife umfließt. Die Saarschleife ist das touristische Aushängeschild des Saarlandes. Gegenüber dem Bergsporn liegt der Aussichtspunkt „Cloef", das Ziel der Wanderung.

Die alte Burg Montclair wurde erstmals 1168 urkundlich erwähnt. Sie zählte zu den imposantesten Burgen des hohen Mittelalters in Deutschland und galt als uneinnehmbar. 1351 wurde sie dann doch nach einer längeren Belagerung eingenommen und anschließend geschleift. Nicht ganz hundert Jahre später, 1439, wurde eine neue Burg mit kleineren Ausmaßen fertig gestellt.

Der Erbauer der Burg, Arnold VI. von Sierck, hatte ebenso wie seine Nachfahren nie auf der Burg gewohnt. Nach dem Tod des letzten Besitzers, Heinrich Graf von Sayn, verfiel die Burg, um die sich viele Sagen und Geschichten ranken.

1991 hat man sich entschlossen die Reste der Burg zu sanieren. Unten im Burgkeller wurde ein kleines Museum eingerichtet, in dem die Geschichte der Burg und ihrer Besitzer erzählt und dokumentiert wird. In der inzwischen fertig gestellten Turmstube finden Feierlichkeiten und Veranstaltungen in ritterlichem Ambiente statt.

Burg Montclair

Von der Burg geht es steil bergab. Viele Wege führen nach unten. Egal für welchen man sich entscheidet, sie enden alle am Ufer der Saar, der wir dann flussabwärts folgen. Kurz vor Mettlach erreichen wir die Stauanlage Mettlach mit Schleuse und Wasserkraftwerk. Über sieben Staustufen fällt hier das Wasser elf Meter in die Tiefe. Dabei werden 36 Millionen Kilowatt Strom pro Jahr erzeugt. Wir überqueren die Saar über die Staustufe, halten uns nach links und sind nach wenigen Minuten zurück in Mettlach. An der Hängebrücke über die Saar müssen wir nach links, vorbei am Hotel „Haus Schons“ geht es gleich wieder links in die Straße Am Bohnenberg. Hier erkennen wir die Markierung des Saarland-Rundwanderwegs.

Bis auf wenige Ausnahmen werden wir nun bis zur Cloef bergauf wandern. Den Ortsteil Keuchingen, der zu Mettlach gehört, streifen wir am Ortsrand. Es erwartet uns ein Aufstieg durch die so genannte „Keuchinger Schweiz“.

Schleuse Mettlach

Es lohnt sich ab und an einen Blick nach links ins Saartal zu werfen. Unten liegt die Saar in ihrem Flussbett, auf dem bewaldeten Bergrücken gegenüber liegt gut versteckt die Burgruine Montclair.

Im Lutwinuswald, unterhalb des Leuker Kopfes, müssen wir den Wellesbach überqueren. Wenn wir das Gesundheits-Zentrum Saarschleife passieren, haben wir es fast geschafft. Mit dem Slogan „Erholung für Körper, Geist und Seele an Deutschlands schönster Flussschleife" wirbt das Gesundheits-Zentrum am Ortsrand von Orscholz bereits seit 10 Jahren.

Unser Ziel ist greifbar nahe. Der vielleicht attraktivste Aussichtspunkt des Saarlandes, die Cloef, liegt südöstlich von Orscholz, 200 Meter über dem Fluss.

Die Gemeinde Mettlach wirbt unter dem Motto „Himmelgrün und Tannenblau". In der so genannten Entspannungsbroschüre heißt es unter anderem: „Es ist, als sei eine Hand voll Erde vom Himmel gefallen. Eine Laune der Natur, mitten im Tal, im Dreiländereck zwischen Deutschland, Frankreich und Luxemburg. Gelassen entschloss sich der Fluss, eine Schleife darum zu ziehen – und ein Wahrzeichen war geboren: Die Saarschleife."

Viel Landschaft und Kultur für wenig Kilometer lautete das Fazit zu dieser Etappe vom Tagebuchschreiber Marco Muhar. Ich schließe mich seiner Meinung an und freue mich auf die kommenden Etappen.

Aus dem Tagebuch von...
Marco Muhar

Eine Geschmacksfrage –
nach dem Besuch des liebevoll gestalteten Museums der Firma Villeroy & Boch werden der Alte Turm und der „Erdgeist" im Garten der ehemaligen Abtei besichtigt. Still und würdevoll präsentiert sich der Turm, knallig und aufdringlich die angrenzende Installation. Das Relikt der Weltausstellung in Hannover soll für die Naturschützer vom World-Wildlife-Fund werben. Ob bunte Farben außen und seichte Popmusik innen der Sache dienen?

Die Meinung der Gruppe ist geteilt. Nur André Hellers „Erdgeist" neben dem Pavillon scheint allen zu gefallen.

Kein Wunder: Mit diesen langen Beinen lässt sich der Saarland-Rundwanderweg sicher an einem Tag abwandern.

Der Erdgeist

Vom Saartal ins Moseltal

Der Weg von den steil abfallenden Felsen ins Saartal zu den sanften Hügelketten des Moseltals mit seinen Weinbergen ist nicht sehr weit. In Orscholz kann man sich im Gesundheits-Zentrum Saarschleife medizinisch auf Vordermann bringen lassen. „Ländliche Lebensfreude live" bietet das Hotel Restaurant „Zur Saarschleife", das ebenfalls in Orscholz zu finden ist.

Dann führt der Weg fast stetig bergab zur Mosel. Einsame Waldwege, überschaubare Landschaft entlang bewirtschafteter Felder und sich dahinschlängelnde Wiesenwege. Die Weite der Landschaft hat man fest im Blick. Am Ende des Weges erwartet den durstigen Wanderer köstlicher saarländischer Wein von der Obermosel.

Ortsporträt

„Une vue splendide...", eine wunderbare Aussicht..., so empfand es der französische Poet Victor Hugo im Jahre 1863, als er Deutschlands schönste Flussschleife - die Saarschleife - sah. Hoch über dem bekannten Naturdenkmal liegt der Luftkurort Orscholz.

Neben gutem Klima und reiner Luft bietet die Region attraktive Freizeitangebote. Wanderungen, Radtouren, eine Fahrt nach Luxemburg oder in Deutschlands älteste Stadt Trier, ein Biergarten am Blumenfels, Schifffahrten auf Mosel und Saar – alle Unternehmungen sind von hier aus möglich.

Orscholz, ein Ortsteil der Gemeinde Mettlach, wurde vermutlich in der Zeit von Karl dem Großen gegründet. Von 1500 bis 1766 war der Ort im Besitz der Herren von Meinsburg. Danach gehörte er bis zum Wiener Frieden zu Frankreich.

Urwald

Nach dem Zusammenbruch des napoleonischen Reiches wurde Orscholz an Preußen abgetreten.

Der Ortsname leitet sich von dem in Orscholz gelegenen „Orkelsfelsen" ab. Die älteste dokumentierte Bezeichnung „Orkelsvels" deutet auf die Errichtung einer Burg auf felsigem Untergrund. Ein Franke namens Orko soll Besitzer des Geländes („Felsen des Orko") gewesen sein und diese Burg dort errichtet haben. Herrschaftsrechte über diese Burg übte Erzbischof Ratbold von Trier aus.

Der bei Orscholz gelegene Aussichtspunkt „Cloef" garantiert

Burg Montclair

Orscholz ist heute Zentrum einer aufstrebenden Fremdenverkehrsgemeinde mit einer modernen Reha-Klinik am Ortsrand.

einen einmaligen Blick auf die Saarschleife. Die Cloef ist der einzige Punkt, von dem aus die Saarschleife in ihrer Gesamtheit überblickt werden kann. Diese Ansicht ist im Saarland zum Postkartenmotiv schlechthin geworden. Auf der Spitze des Bergsporns, der hier von der Saar umflossen wird, erkennt man die restaurierte Burgruine Montclair, ein weiterer interessanter Zielpunkt von Mettlach aus.

Das im Jahr 1993 eröffnete Gesundheits-Zentrum mit integrierter orthopädischer Fachklinik liegt nur wenige Meter vom bekannten Aussichtspunkt „Cloef" entfernt. Die idyllisch im Naturpark Saar-Hunsrück gelegene Einrichtung bietet sowohl den Komfort und das Ambiente eines modernen Hotels als auch ein medizinisches und therapeutisches Angebot auf höchstem Niveau.

Parken: Parkplatz an der Cloef oder am Gesundheits-Zentrum Saarschleife

Wegstrecke: 16,1 km

Startpunkt: Aussichtpunkt Cloef

Information: Tourismusverband Merzig-Wadern, Merzig, Telefon: 0 68 61 / 7 38 74,
Saarschleife Touristik, Mettlach, Telefon: 0 68 64 / 83 34

Wegmarkierung: rot/weißes Rechteck

Einkehren: Landgasthof Birkenhof, Perl-Sinz, Telefon: 0 68 66 / 2 02,
Die Scheune, Nennig, Telefon: 0 68 66 / 7 91 80

Übernachten: Hotel Restaurant Zur Traube, Nennig, Telefon: 0 68 66 / 3 49,
Victor's Residenz Hotel Schloss Berg, Nennig, Telefon: 0 68 66 / 7 90

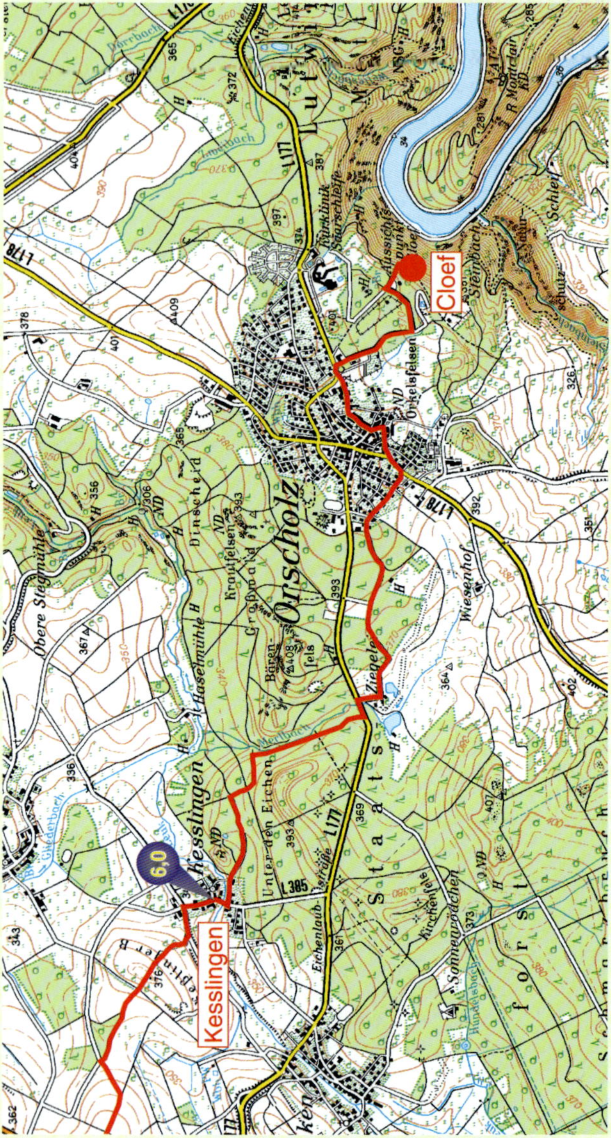
Cloef
Kesslingen
6,0
Orscholz
Staatsforst
Wiesenhof
Haselmühle
Obere Steigmühle
Orkelsfelsen
Kurklinik Saarschleife
Lutwinus
Dinscheid
Kreuzfelsen
Großwald
Bärenfels
Ziegelei
Unter den Eichen
Eichenlaubstraße
Kirchenfelsen
Sonnenwäldchen
L 177
L 178
L 385

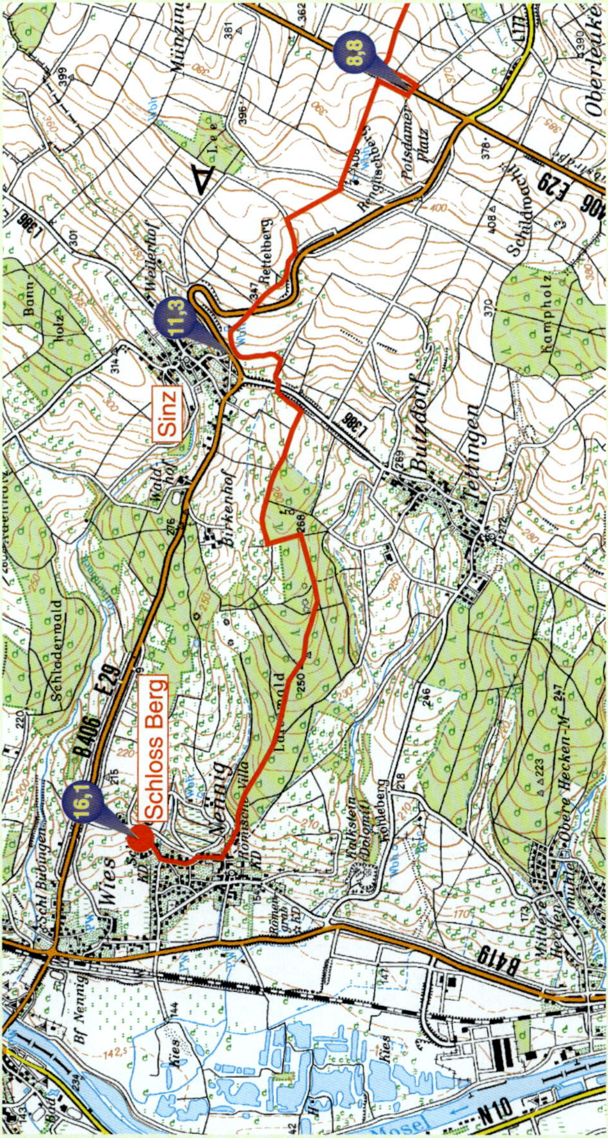
8,8
11,3
16,1
Schloss Berg
Sinz
Nennig
Butzdorf
Tettingen
Wies
Birkenhof
Rettelberg
Potsdamer Platz
Schloderwald
Kampholz
Mosel
B406
E29
B419
N10
L386

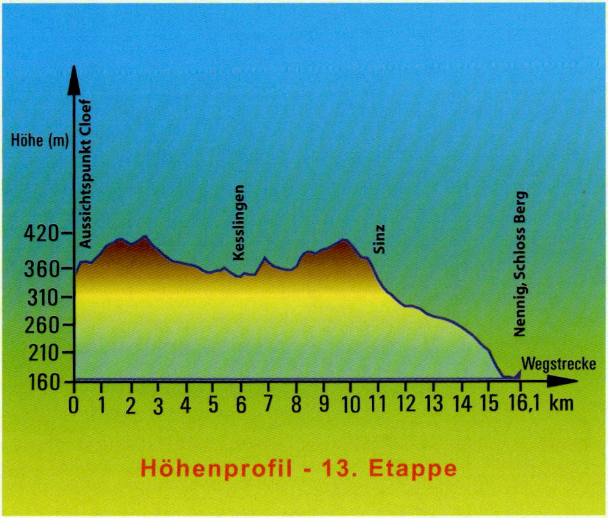
Höhe (m)
Aussichtspunkt Cloef
Kesslingen
Sinz
Nennig, Schloss Berg
420
360
310
260
210
160
Wegstrecke
0 1 2 3 4 5 6 7 8 9 10 11 12 13 14 15 16,1 km
Höhenprofil - 13. Etappe

An der Cloef

WEGBESCHREIBUNG

Die Saarschleife

Noch einmal genießen wir den imposanten Blick hinunter ins Saartal, wo sich die Saar, von Merzig und Besseringen kommend, ihren Weg um den vorspringenden Bergrücken weiter nach Mettlach und Saarburg sucht. Oben, auf dem gegenüberliegenden Bergkamm, flattert die Fahne der Burgruine Montclair. Auf breitem Waldweg verlassen wir die Cloef und befinden uns sehr schnell wieder im Wald. Wer vom Hauptweg noch einen kleinen Abstecher zum Orkelsfelsen machen will, hat am Erinnerungsstein des Saarwald-Vereins Gelegenheit dazu. Ein schmaler Wiesenweg führt zum Felsen. Der Sage nach soll hier einmal eine Dependance der Burg Montclair gestanden haben. Deshalb wird wohl heute noch der Orkelsfelsen im Volksmund „Die Burg" genannt.

Wir müssen zurück zum Weg. Nach wenigen Minuten liegen die letzten Häuser von Orscholz hinter uns. Bevor wir den so genannten „Ur-Wald" zwischen Orscholz und Oberleuken erreichen, wandern wir ein Stück entlang der Landstraße L 177, die Orscholz mit Oberleuken verbindet. Wenn wir die Landstraße überquert haben, befinden wir uns im Tal des Merlbachs, der in der Nähe der Haselmühle in den Leukbach mündet. Der Leukbach entspringt in Eft und macht sich dann auf den Weg nach Saarburg, um dort in die Saar zu münden. Entlang des Baches durchs Leukbachtal und durch die Kollesleuker Schweiz führt der Saar-Lor-Lux-Kulturwanderweg, der an die Heimatschriftstellerin Maria Croon erinnert. Der 18 km lange Wanderweg führt von Orscholz nach Saarburg.

Entlang des Merlbachs erwarten uns über 150 Jahre alte Bäume. Der Wald wird hier nicht mehr bewirtschaftet, so dass in den letzten Jahren ein regelrechter „Urwald" entstanden ist.

Durch das Waldgebiet „Unter den Eichen" erreichen wir Kesslingen mit seinen wunderschönen alten Bauernhäusern. In der Ortsmitte müssen wir am Jakobsbrunnen die Leuk überqueren. Der Weg führt vorbei an der katholischen Kapelle St. Jakobus. Die Kapelle mit ihrem spätgotischen Chorraum und den Gewölbemalereien dient den Kesslingern als Dorfkirche.

Im Urwald

Hinter Kesslingen wird der Blick frei ins weite Land. Sanft schwingt sich die Landschaft über Wiesen, Felder und kleinere Baumgruppen. Und über der Höhe, weit unten im Tal, kann man das Moseltal bereits erahnen. Luxemburg und Frankreich sind nicht mehr weit entfernt.

Die B 406, eine der Hauptverbindungsstraßen zwischen dem Saarland und Luxemburg, die an der Remicher Brücke über die Mosel nach Luxemburg führt, müssen wir in der Nähe der Windkraft-Räder überqueren.

Wenn wir die Anhöhe am Rettelberg erreicht haben, erkennen wir weit unten das Tal der Mosel mit seinen Weinbergen und kleineren Ortschaften. Direkt vor uns liegt an der B 406 unser nächstes Ziel, der Ort Sinz. Hier lohnt sich ein Besuch im Landgasthof Birkenhof. Bei Familie Koster hat man Gelegenheit sich auszuruhen und bei einer Mittagsrast verwöhnen zu lassen.

Vom Landgasthof führt der Weg ein kurzes Stück entlang der Straße, um dann nach links über einen Wiesenweg den Ort hinter sich zu lassen. Der Rest der Wegstrecke führt über schattige Waldwege nach unten ins Tal. Wenn wir den Wald wieder verlassen, haben wir bereits den Ortsanfang von

Schloss Berg, Nennig

Nennig erreicht. Hier am Waldrand hat man ein großes Holzschild mit Hinweisen zum Saarland-Rundwanderweg und Mosel-Höhenweg aufgestellt.

Schloss Berg ist nicht mehr weit. Bereits im 12. Jhd. entstand das Schloss, das zunächst als Wasserburg gebaut worden war. Im 16. Jhd. hat man es dann zu einem Renaissanceschloss umgebaut. Im Zweiten Weltkrieg wurde das Schloss fast völlig zerstört. Nach seinem Wiederaufbau wurde es zunächst über viele Jahre als Schullandheim genutzt. Seit einigen Jahren beherbergt das Schloss ein Hotel mit Sternekoch und Spielcasino.

Im Rahmen der Aktion „Eden – Gärten ohne Grenzen" hat man hinter dem Schloss einen Renaissancegarten als formalen Knotengarten angelegt. Vorbilder für dieses Knotenmuster waren typische Renaissancestickereien. Die Muster werden noch plastischer durch die verschiedenen Farben des Splittbelages zwischen dem grünen Buchs. Der streng geometrisch angelegte Garten bildet eine harmonische Ergänzung zum unmittelbar gegenüberliegenden Schloss.

Windkrafträder bei Sinz

Aus dem Tagebuch von... Ricarda Wackers

Im Hänsel und Gretel Wald –

Der Weg führt durch Orscholz hindurch, in ein schönes Waldstück hinein. Hier liegt zwischen Orscholz und Oberleuken die Naturwaldzelle Bärenfels mit ihren uralten Bäumen.

Schon seit längerem darf dieses Stückchen Wald nicht mehr bewirtschaftet werden. Und so bleibt die umgestürzte knorrige Eiche einfach liegen und verrottet mit ich weiß nicht was für einer Halbwertszeit.

Indem man auf diese Weise die Natur ohne menschliches Eingreifen schalten und walten lässt, soll ein neuer „Ur-Wald" entstehen. Und schon jetzt hat dieses Stück Wald einen eigentümlichen Charakter.

Fast erwartet man, dass hinter dem nächsten Baum plötzlich das Lebkuchenhaus der Hexe aus dem Märchen zum Vorschein kommt.

Grenzenlos wandern im Dreiländereck

Das Wandern im engeren Raum, so Wolfgang Maria Raabe, der ehemalige Hauptvorsitzende des Saarwald-Vereins, macht Appetit auf Heimaterlebnis. Das Wandern im weiteren Raum, so Raabe weiter, lässt über Grenzen hinweg neue Freundschaften entstehen. Die Mosel, seit den Römern ein bevorzugter Reiseweg, bestimmt das Bild des Weges von Nennig nach Perl.

Im Schnittpunkt der Länder Luxemburg, Frankreich und Deutschland hat das Dreiländereck neben seiner wechselvollen Geschichte allerdings noch mehr zu bieten. An den Hängen links und rechts der Mosel wächst Wein, sowohl in Luxemburg, Lothringen als auch im Saarland.

Es sind nur wenige Kilometer am rechten Moselufer, auf denen im Saarland Wein angebaut wird, und nur Perl kann sich mit dem Attribut „Weinbaugemeinde“ schmücken.

Schengener Schloss

Als Ortsteil der Gemeinde Perl liegt Nennig, landschaftlich überaus reizvoll, im Dreiländereck mitten im Herzen Europas. Wer eine sichtbare Grenze sucht, wird sie hier nicht mehr finden, denn Europa ist lebendig – nicht erst, seit in der luxemburgischen Nachbargemeinde Schengen das Abkommen zum Wegfall der Grenzen unterschrieben wurde.

Der größte Bekanntheitsgrad von Nennig dürfte von einem römischen Mosaikfußboden herrühren, der den Ort weit über die Grenzen des Saarlandes hinaus bekannt gemacht hat. Schon die Römer haben sich vor 2000 Jahren in Nennig niedergelassen. Sie haben den Wein und ihre Kultur mit an die Obermosel gebracht.

Unweit vom Mosaikfußboden befindet sich Schloss Berg. Das Schloss wurde im 12. Jhd. als Wasserburg erbaut und im 16. Jhd. nach und nach zu einem Renaissanceschloss umgebaut. Im Zweiten Weltkrieg wurde es fast völlig zerstört, 1953 dann wieder aufgebaut und als Schullandheim genutzt. Heute präsentiert sich Schloss Berg

Rebhänge in Perl

als Hotel und Restaurant der internationalen Luxusklasse. Im Gourmet-Restaurant erkochte sich Christian Bau in kürzester Zeit zwei Michelin-Sterne.
Direkt neben den alten Gemäuern hat ein weiteres Hotel der gehobenen Klasse seine Pforten eröffnet. Moderne Kommunikationsmöglichkeiten in den Tagungsräumen sind ebenso vorhanden wie Whirlpool, Sauna und Schwimmbad. Nennig ist ein Ort der Entspannung und bietet viele Möglichkeiten für einen Aktivurlaub. Kilometerlange, gut ausgebaute und autofreie Wege laden zum Radeln ein. So kann man auf dem Mosel-Leinpfad je nach Lust und Laune große und kleine Rundfahrten machen.

Am 8. August 2003 ist in Nennig der 20 Jahre alte deutsche Hitzerekord gebrochen worden. An der Wetterstation an der saarländischen Obermosel kletterte das Thermometer auf 40,3 Grad. Eine Temperatur, die seit den Wetteraufzeichnungen in Deutschland noch nie erreicht wurde.

Parken: Parkplatz am Schloss Berg

Wegstrecke: 15 km

Startpunkt: Schloss Berg

Informationen: Tourismusverband Merzig-Wadern, Merzig-Wadern, Telefon: 0 68 61 / 7 38 74, Tourismusinformation Schengener Eck, Perl, Telefon: 0 68 67 / 66-0

Wegmarkierung: zunächst schwarzes K auf weißem Untergrund bis zur Remicher Brücke, entlang der Mosel weiterhin schwarzes K auf weißem Untergrund und grünes R1 auf weißem Untergrund, ab Perl-Besch bis Perl zusätzlich rot/weißes Rechteck

Einkehren: Hotel Restaurant Hammes, Perl, Telefon: 0 68 67 / 91 03-0, Gasthaus Zur Maimühle, Perl, Telefon: 0 68 67 / 2 58, Central-Hotel Greiveldinger, Perl, Telefon: 0 68 67 / 10 56

Übernachten: Hotel Hammes, Perl, Central-Hotel Greiveldinger, Perl

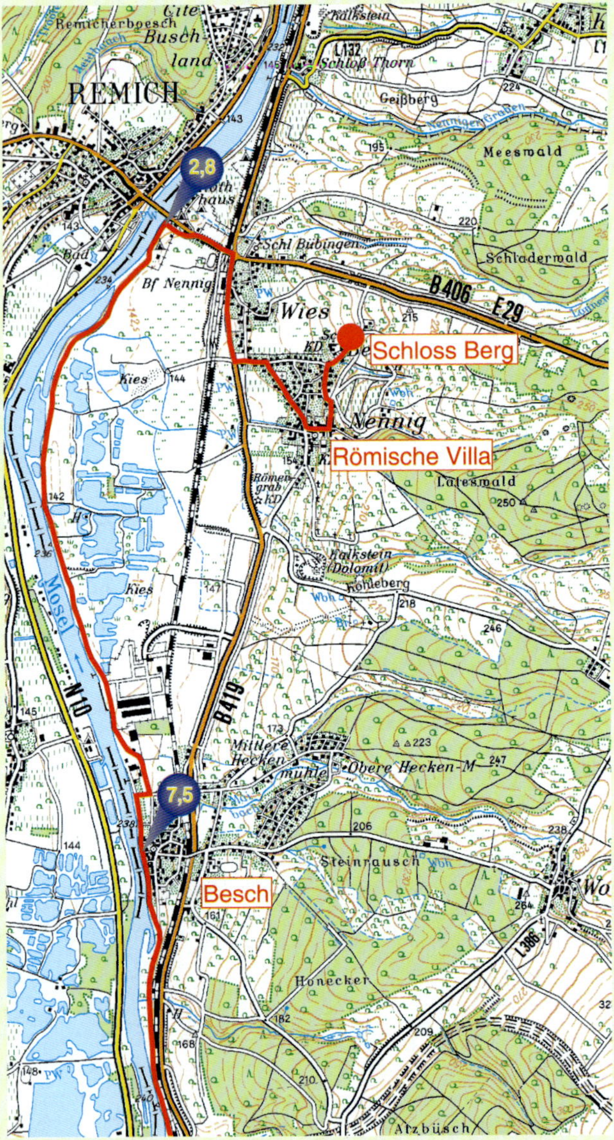
REMICH
Schloss Berg
Römische Villa
Besch
Nennig
Wies
Bf Nennig
Mosel
2,8
7,5
B406
E29
B419
N10
L132
Schloß Thorn
Geißberg
Meeswald
Schladerwald
Schl Bübingen
Latesmald
Kalkstein (Dolomit)
Höhleberg
Mittlere Hecken
Hecken-mühle
Obere Hecken-M
Steinrausch
Honecker
Atzbüsch
Remicherboesch
Busch land
Kies
L386

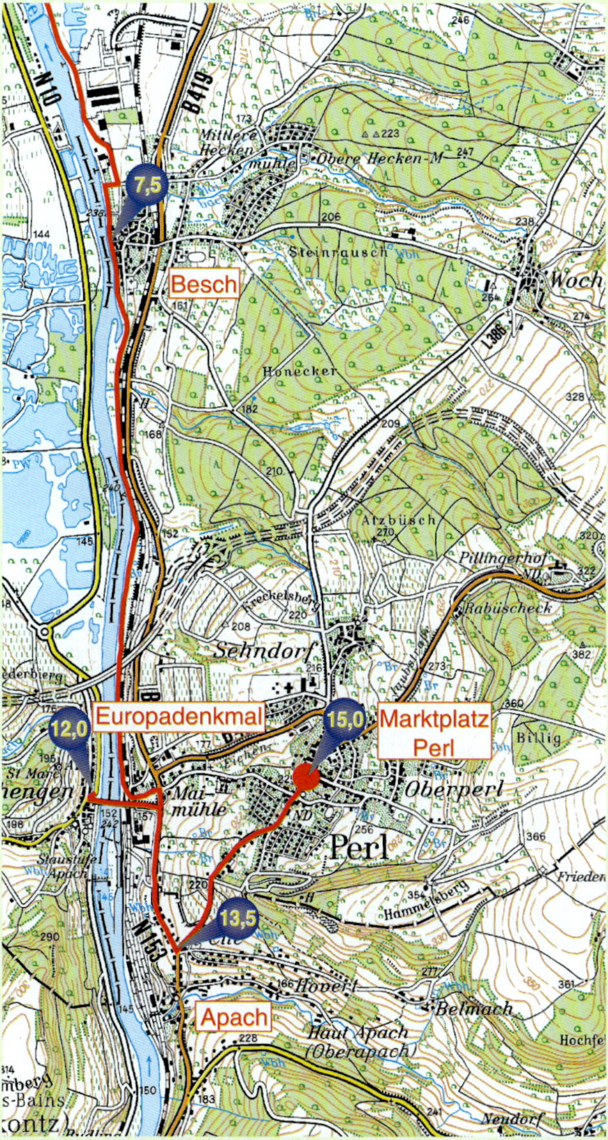
7,5
Besch
12,0
Europadenkmal
15,0
Marktplatz
Perl
13,5
Apach
B419
N10
N153
L386
Mittlere Hecken-mühle
Obere Hecken-M.
Steinrausch
Honecker
Atzbüsch
Pillingerhof
Rabüscheck
Kreckelsberg
Sehndorf
Oberperl
Perl
Billig
Mai-mühle
Hammelsberg
Hovert
Belmach
Haut Apach
(Oberapach)
Neudorf
Staustufe Apach
St Marc
Woch

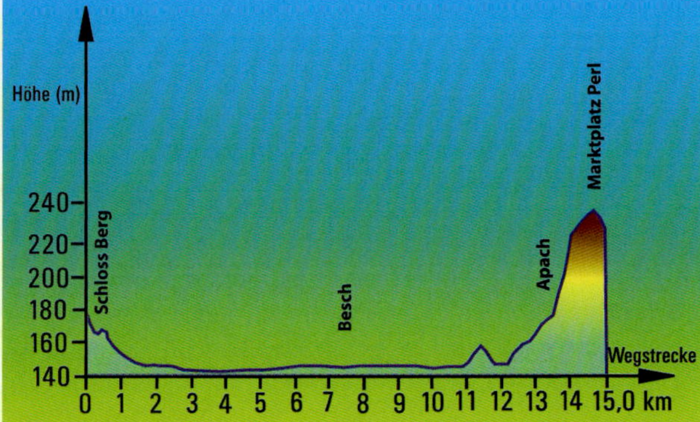

Höhenprofil - 14. Etappe

Wegbeschreibung

Entlang der Mosel

Vom Parkplatz führt unser Weg zunächst bergab Richtung Ortsmitte von Nennig. Das Schloss passieren wir rechter Hand, das Restaurant „Alte Scheune“ linker Hand. Wenn wir den historischen Marktplatz überquert haben, halten wir uns links und haben nach kurzer Zeit die römische Villa mit dem größten erhaltenen Mosaikfußboden römischen Ursprungs nördlich der Alpen erreicht. Vier Millionen kleine Mosaiksteinchen sind hier auf rund 160 qm verarbeitet worden, neunzig Prozent dieses eindrucksvollen Kunstwerks sind bis heute im originalen Zustand. Zu sehen sind verschiedene Szenen aus dem Amphitheater: ein Speerwerfer, der gegen einen Panther antritt, drei Fechter, die mit einem Bären kämpfen, sowie ein Gladiatoren-Zweikampf.

Vom Mosaikfußboden geht es zurück zur Straße, wo wir nicht der rot/weißen Markierung folgen, sondern uns nach rechts halten, um Nennig Richtung Moselbrücke zu verlassen. Kurz bevor wir die Brücke erreicht haben, finden wir am ehemaligen Zollamt verschiedene Wege, die zum Moselufer führen. Auf der gegenüberliegenden Seite befindet sich das luxemburgische Remich. An Sonnentagen gleicht die Uferpromenade mit ihren kleinen Cafés, Restaurants und Geschäften einer südfranzösischen Hafenstadt.

Am Ufer der Mosel angekommen, halten wir uns links. Die Mosel wird nun bis Perl unser ständiger Begleiter auf der rechten Seite sein. In Besch treffen wir wieder auf die rot/weiße Markierung des Saar-

land-Rundwanderweges. Auf der gegenüberliegenden Seite sehen wir die sanft geschwungenen Weinberge der luxemburgischen „Winstroß“. Wellenstein, Schwebsange, Wintrange und Remerschen sind bekannt für ihre guten Lagen.

Im Perler Ortsteil Maimühle müssen wir vom Moselufer die Treppenstufen hoch zur Brücke und diese dann nach Schengen überqueren. Am anderen Ufer sehen wir rechts unten bereits den Place de l'Accord de Schengen, der an

Moselbrücke nach Remich

In Remerschen lockt im Sommer ein Baggersee mit eigenen Quellen. Auf diese Weise bleibt das Wasser im See immer angenehm kühl.

Die Bänke an der Moselufer-Promenade in Besch laden zur ersten Rast. Weiter geht es Richtung Perl. Wenn wir die neue Autobahnbrücke, die Deutschland mit Luxemburg verbindet, unterquert haben, haben wir bereits die kleinere Brücke, die Perl mit Schengen verbindet, fest im Blick.

die Unterzeichnung des Schengener Vertrages erinnert. Diesem Vertrag verdanken wir, dass wir ohne Zollformalitäten Luxemburger Boden betreten können. Auf den drei in die Promenade gerammten Stahlstelen ist die Unterzeichnung des Vertrages in Wort und Bild dokumentiert. Vom Place de l'Accord sind es nur wenige Minuten zum Kochhaus und zum Schengener Schloss.

Der am Schloss angelegte Barockgarten gehört ebenfalls zum Projekt „Eden – Gärten ohne Grenzen". Mauern umgeben zwanzig quadratische und zehn rechteckige Kräuterbeete.

Zurück zur Schengener Moselbrücke, die wir auf der rechten Seite überqueren. Wir wollen nicht auf direktem Weg nach Perl. Schließlich wartet eine dritte „Grenzüberschreitung" auf unserem Weg. Hinter der Brücke folgen wir der Wegführung nach rechts Richtung Apach, das bereits auf französischem Boden liegt. Vorbei am Geografischen Stein, der den Mittelpunkt des Dreiländerecks dokumentiert, wandern wir entlang der Straße Am Dreiländereck. Unmittelbar am Geografischen Stein weist eine kleine Hinweistafel auf den Radweg zum Moselufer „Chemin de la Moselle" hin. Radfreunde haben die Möglichkeit, entlang der Mosel von Perl bis Thionville zu radeln. Über die Straße Am Dreiländereck gelangen wir, ohne es zu merken, ins französische Lothringen nach Apach. Am Ortsanfang von Apach folgen wir der Straße Rue de Vignes nach links oben. Die Grenzen zwischen den einzelnen Weinbergen, an denen wir vorbeiwandern, sind fließend. Wieder in Deutschland wird aus der französischen Namensgebung der Straße die Apacher Straße. Vorbei am Weingut Helmut Herber passieren wir nach kurzer Zeit die Quirinuskapelle und das ehemalige Hofhaus des Domkapitels sowie das barocke Palais der Familie von Nell von 1733. Im gegenüberliegenden Park, der hinter einer lang gezogenen Mauer liegt, hat man einen weiteren Garten

Place de l'Accord

Winzer Helmut Herber

langjährigen Hauptvorsitzenden des Saarwald-Vereins Wolfgang Maria Raabe erinnert. Raabe galt als Motor der europäischen Wandervereinigung. „In Wanderschuh'n die Welt beseh'n, mit Freunden über Grenzen geh'n", war für ihn Leitspruch und Aufforderung zur Praxis. Der 23 km lange Rundwanderweg führt von Perl ins luxemburgische Schengen, dann weiter über das Hochplateau des Stromberges ins französische Contz-les-Bains und nach der Moselüberquerung nach Sierck-les-Bains. Von dort geht es weiter über Rustroff, Kirsch-les-Bains und Manderen, vorbei am Schloss Mensberg, ehe man über Merschweiler den Ortsteil Oberperl erreicht und von dort wieder zum Ausgangspunkt der Wanderung gelangt.

ohne Grenzen angelegt. Blickfang dieses Barockgartens ist ein Wasserbecken mit einer Fontäne. Vom Barockgarten erreichen wir vorbei an der alten Pfarrkirche den Marktplatz von Perl.

Anmerkung: Perl ist Ausgangspunkt eines Saar-Lor-Lux-Kulturwanderweges, der an den

Verdiente Pause

Aus dem Tagebuch von... Ricarda Wackers

Europa ohne Grenzen – zum Greifen nah.
In Schengen betritt man historisch bedeutsames Terrain. Am Ufer des Grenzflusses Mosel erinnern drei Stahlstelen mit je einem goldenen Stern an die Unterzeichnung des Schengener Abkommens. Auf dem Fahrgastschiff „Princess Marie-Astrid", das an der – später nach dem Ereignis so benannten – Place de l'Accord de Schengen geankert hatte, signierten am 14. Juni 1985 die Vertreter Luxemburgs, Belgiens, der Niederlande, Frankreichs und Deutschlands das Abkommen, das einen der wichtigen Schritte auf dem Weg zur europäischen Einigung darstellt: Man verständigte sich darauf, die innereuropäischen Grenzkontrollen im Personen- und Warenverkehr abzuschaffen und ermöglichte auf diese Weise ein unproblematisches Reisen. Die Idee fand schnell eine wachsende Zahl von Anhängern, und so schlossen sich in den folgenden Jahren immer mehr Länder dem Vertragswerk an.

Heute läuft oder fährt man im Dreiländereck ohne aufgehalten zu werden einfach von einem Land ins andere.

Moselbrücke bei Schengen

Vom Moselufer zum Saarufer

Auf dem Weg von Perl nach Dreisbach verlassen wir die mit Weinreben bewachsenen Hügel entlang der Mosel, um in die sehr abwechslungsreiche Landschaft des Saargaus zu wandern. Diese Landschaft ist geprägt von Streuobstwiesen mit Tausenden von Obstbäumen.
Ein Prospekt mit dem Titel: „Entdecken Sie die Landschaft – ROUTE DU CIDRE – VIEZSTRASSE" wirbt für eine Straße, die in Siersburg beginnt und in Konz bei Trier endet. In gemütlichen Restaurants, Gasthäusern, Brennereien, Probierstuben und Bauernläden kann man neben der heimischen Küche mit ihren Gerichten vor allem den traditionellen Viez, auch Apfelwein genannt, Obstbrände, Liköre, aber auch Marmeladen, Milch, Honig und Schinken probieren. Die Landschaft schmeckt, heißt es verlockend. Lassen Sie sich verführen.

Ortsporträt

Die Gemeinde Perl mit ihren 11 Ortsteilen liegt im nördlichen Saarland und gehört zum Landkreis Merzig-Wadern, den man wegen der herrlichen Landschaften auch den grünen Kreis nennt. Durch ihre exponierte Lage im Dreiländereck Deutschland-Luxemburg-Frankreich sind die Dörfer der Gemeinde Perl ideale Ausgangsorte für Ausflüge in die Region. Genau genommen sind es sogar vier Länder, die der Gast mal eben so besuchen kann, denn am nördlichen Ortsausgang von Nennig grenzt auch das Bundesland Rheinland-Pfalz an das Saarland.

Die Weinbaugemeinde Perl, übrigens die einzige im Saarland, liegt im Schnittpunkt wichtiger europäischer Verkehrsachsen. Vom Flughafen Luxemburg-Findel ist die Gemeinde nur 20 km entfernt; ein Pendelbus verkehrt in regelmäßigen Abständen zwischen Nennig und der

An der Obermosel

luxemburgischen Hauptstadt. Auch die Flughäfen Saarbrücken-Ensheim (75 km) und Metz in Frankreich (45 km) werden von Gästen und Einheimischen stark frequentiert.

Neben Perl liegen noch zwei weitere Ortsteile direkt an der Mosel: Besch und Nennig. Die Mosel ist Grenzfluss und gehört beiden Ländern. Von Perl

Römervilla in Borg

aus führt die Brücke nach Schengen und von Nennig nach Remich.

Die Gemeinde Perl liegt an der alten Römerstraße Metz - Trier - Köln und bietet dem Gast daher eine ganze Reihe kulturhistorischer Denkmäler. Der Raum Perl gehört zu den ältesten Siedlungsgebieten des Saarlandes, was zahlreiche Funde aus der Mittelsteinzeit sowie Grabfelder und Erdwallburgen aus der Bronze- und Eisenzeit beweisen. Im 2. Jhd. erbauten die Römer in Nennig eine prunkvolle Villa Urbana, die nach der germanischen Besiedlung des Obermoselraumes von fränkischen Fürsten bewohnt und wahrscheinlich erst bei der Normannenschlacht im Jahre 882 im Bescher Moselbecken zerstört wurde.

Erste schriftliche Überlieferung aus dem heutigen Gemeindebereich gibt es aus dem 9. Jhd.. Schlösser und Kirchen zeugen von einer reichen mittelalterlichen Vergangenheit. Aber auch später war diese Region an der Mosel sehr begehrt, was zu vielen Streitigkeiten und Kriegen mit wechselnden Herrschaftsverhältnissen führte. Über die Jahrhunderte waren dies Kurfürsten und das Domkapitel von Trier, die Grafen von Luxemburg, die Herzöge von Lothringen, die französischen Könige sowie österreichische und spanische Habsburger.

Das Palais von Nell (1733) ist ein ehemaliges Hofhaus des Trierischen Domkapitels, das bis 1982 im Besitz der Familie von Nell war.

Römervilla in Borg

Blick auf Schengen

Der Perler Ortsteil Sehndorf wurde 1994 mit der Silbermedaille auf Bundesebene sowie einem „Sonderpreis auf europäischer Ebene" im Wettbewerb „Unser Dorf soll schöner werden" ausgezeichnet. Sehndorf ist ein schönes, gemütliches Weindorf mit alten Brunnen in der hervorragend restaurierten Ortsmitte. Man lebt hier noch im Einklang mit der Natur und hat Zeit für den gemütlichen Plausch, auch wenn die Arbeit im Weinberg oft sehr hart ist.

Weinproben bei Winzern in Perl gelten als besonderes Erlebnis.

Parken: Ortsmitte von Perl

Wegstrecke: 25,3 km

Startpunkt: Ortsmitte von Perl, zwischen Pfarrkirche und Central-Hotel

Information: Tourismusverband Merzig-Wadern, Merzig, Telefon: 0 68 61 / 7 38 74,
Saarschleife Touristik, Mettlach, Telefon: 0 68 64 / 83 34,
Touristinformation Schengener Eck, Perl,
Telefon: 0 68 67 / 66-0

Wegmarkierung: von Perl bis Eft (rot/weißes Rechteck), von Eft bis Borg und zur römischen Villa (schwarzes S, Johann Schneider Weg), von der römischen Villa bis Oberleuken und weiter bis ins Waldgebiet Schwarzbruch (schwarzes S), vom Waldgebiet Schwarzbruch bis Dreisbach (rot/weißes Rechteck)

Einkehren: Römervilla Borg, Telefon: 0 68 65 / 1 85 01 85,
Wiesenhof, Orscholz, Telefon: 0 68 65 / 5 59,
Fährhaus, Dreisbach, Telefon: 0 68 68 / 18 02 18,
Gasthaus Becker (an der Saarschleife), Dreisbach,
Telefon: 0 68 68 / 18 04 87,
Ratsstube Blasius, Merzig, Telefon: 0 68 61 / 29 27

Übernachten: Sporthotel Dreisbach, Dreisbach,
Telefon: 0 68 68 / 2 79,
Jugendherberge, Dreisbach, Telefon: 0 68 68 / 2 70,
Hotel Römer, Merzig, Telefon.: 0 68 61 / 93 39-0,
Hotel Merll-Rieff, Merzig, Telefon: 0 68 61 / 9 39 52-0

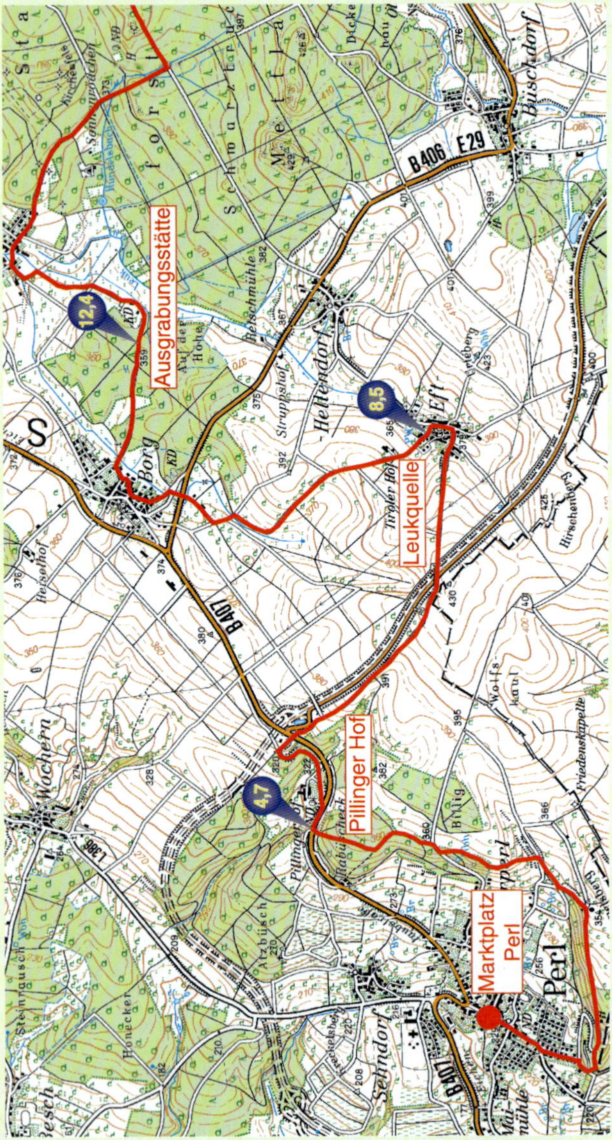
Ausgrabungsstätte
12,4
Leukquelle
8,5
Pillinger Hof
4,7
Marktplatz Perl
Perl
Borg
Eft
Hellendorf
Büschdorf
Wochern
Sehndorf
B406
E29
B407
L386

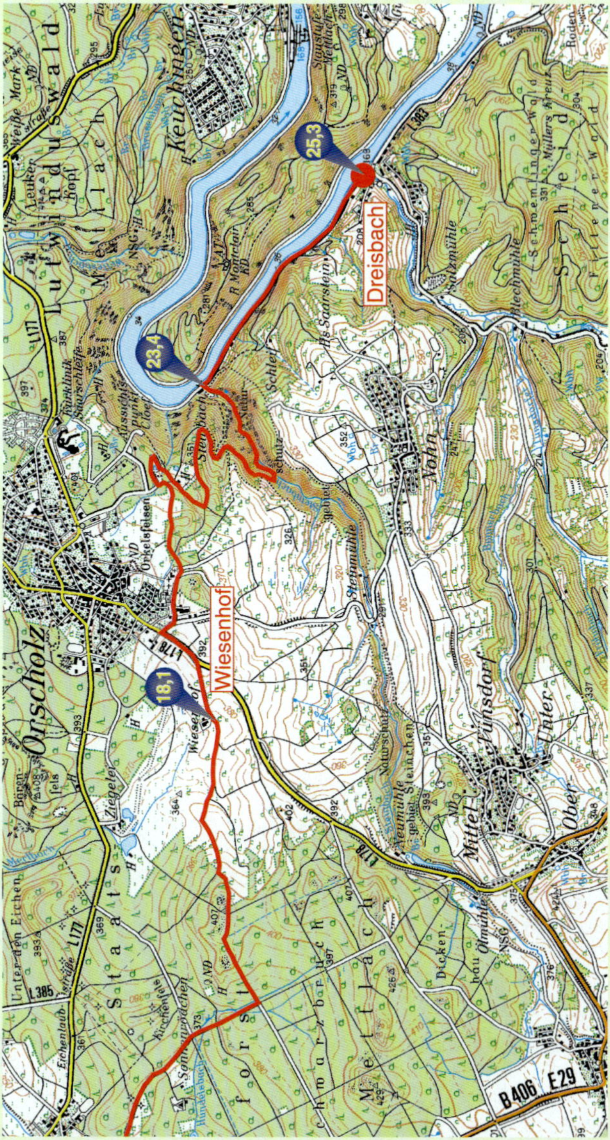
25,3
Dreisbach
23,4
18,1
Wiesenhof
Orscholz
Keuchingen
Weiße Mark
Lutwinduswald
Mettlach
Nohn
Steinmühle
Saarschleife
Orkelsfelsen
Staatsforst
Schwarzbruch
Faha
Mittel-Tünsdorf
Unter-Tünsdorf
Ober-Tünsdorf
Neumühle
Ölmühle
Blechmühle
Salzmühle
Schleifer Wald
L 383
L 177
L 178
L 385
B406
E29

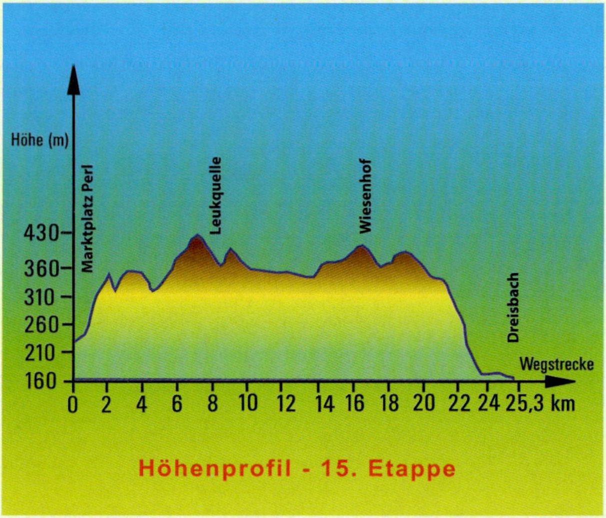

Auf den Höhen des Saargaus

Wegbeschreibung

Vom Marktplatz in der Dorfmitte von Perl müssen wir zunächst durch die Biringer Straße. Vorbei an der alten Pfarrkirche, dem Nellschen Haus und der Quirinuskapelle führt die Wanderstrecke geradeaus weiter zunächst durch die Apacher Straße und dann nach links bergan durch die Straße Am Hammelsberg.

Pillinger Hof

Kurz vor dem Ende der Straße bringt uns ein kleiner steiler Pfad nach oben zum eigentlichen Hammelsberg. Bereits beim Anstieg lohnt es sich, hin und wieder einen Blick zurück ins Tal zu werfen. Die Mosel mit ihren Windungen wird immer kleiner, je höher wir kommen. Der Ausblick reicht nach Apach in Frankreich, nach Schengen und Remerschen in Luxemburg und natürlich zum am Berg liegenden Perl in Deutschland, sozusagen ein Dreiländerblick.

Am Sendemast auf dem Hammelsberg folgen wir nach links unten der rot/weißen Markierung. Kurz vor dem Pillinger Hof müssen wir die Landstraße zwischen Perl und Borg überqueren. Vorbei am Pillinger

Die Leukquelle

Hof bringt uns ein geteerter Feldweg zunächst durch einen Mischwald nach oben, später wird die Sicht frei. Das Autobahnteilstück zwischen Perl und Schengen liegt für kurze Zeit links neben dem Weg, ehe wir die Autobahntrasse überqueren und unseren Weg nach Eft fortsetzen. In Eft erwartet uns die

In der römischen Villa, Borg

gefasste Quelle der Leuk. Ein idealer Ort um eine kurze Rast einzulegen.

An der Leukquelle verlassen wir die Wegführung des Saarland-Rundwanderwegs, um einen Abstecher zur Römervilla in Borg zu machen. Aus diesem Grund folgen wir der Wegmarkierung des schwarzen S. Dieser Kulturwanderweg des Landkreises Merzig-Wadern erinnert an den ehemaligen Lehrer Johann Schneider, der in Borg vor über 100 Jahren erste Grabungen vorgenommen hatte.

Wir verlassen Eft bergan, vorbei am Tiroler Hof. Kurz vor Borg müssen wir die B 406 überqueren, streifen den Ortsrand von Borg, um dann durch die Waldgemarkung Lossenswinkel die römischen Ausgrabungen mit der Villa Borg zu erreichen.
Vom 1. bis 4. Jhd. n. Chr. waren Römer hier heimisch. Einige der damaligen Gebäude hat man liebevoll rekonstruiert. Die Ausgrabungen sind noch nicht beendet, der Komplex um die Villa wächst weiter. Neben einem Ausstellungsraum, in dem die Funde um die Villa gezeigt werden, hat man einen Vortragssaal geschaffen, ein angeschlossenes Restaurant mit Kräutergarten bietet „echte römische“ Speisen an.

Blick ins Moseltal

Vom Ausstellungs- und Ausgrabungsgelände orientieren wir uns weiter am schwarzen S bis Oberleuken. Im Ort biegen wir nach rechts, weiter der Markierung schwarzes S und der Markierung R 3 (grün) ins Waldgelände Schwarzbruch folgend. Mitten im Waldgebiet treffen wir wieder auf die rot/weiße Markierung des Saarland-Rundwanderweges. Nur noch kurze Zeit spendet uns der Staatsforst Schatten, ehe wir dann wieder auf freie Wiesenflächen treffen. Der Wiesenhof mit seinem Vesperstübchen am Ortsrand von Orscholz wartet auf durstige Kehlen.

Nach unserer Rast im Wiesenhof geht es Richtung Orscholz. Für eine kurze Passage müssen wir am Rand der L 178 wandern und biegen kurz vor dem Ortsschild von Orscholz rechts ab Richtung Saarschleife und Nohn. Durch die Straße Am Waldfriedhof kommen wir am Friedhof vorbei und erreichen im Wald den Stein des Saarwald-Vereins, der an die Einweihung der Moselgauschleife Perl-Nennig und den Europäischen Fernwanderweg „Atlantik-Ardennen-Böhmerwald“ erinnert.

Von nun an geht es bergab. Durchs Steinbachtal hat man einen Waldweg entlang des wildromantisch dahinplätschernden Steinbachs angelegt. In Serpentinen, über kleine Holzbrücken und Treppenstufen führt der Weg durchs Naturschutzgebiet westlich der Saarschleife. Bemooste Felsplatten, Felsen, die zum Teil mit gelben, krustenartigen Flechten überzogen sind, und Geröllhalden, die wie ein grüner Teppich mit Tüpfelfarn bewachsen sind, bilden beim Abstieg die Kontraste. Dazu die kleinen Rinnsale, die zum Steinbach führen, ab und zu ein stärkerer Lichteinfall. Der schattige, fast dunkle Waldweg durch die enge Schlucht hat etwas Mystisches. Mit viel Glück kann man einen Eisvogel im Sturzflug erleben oder einen langsam dahinkriechenden Feuersalamander bei der Nahrungssuche entdecken. Unten angekommen fließt die Saar in ihrem Bett ruhig Richtung Mettlach.

Das „Gasthaus Becker" zur Linken und das „Fährhaus" zur Rechten locken zur letzten Rast des Tages.

Der Saar flussaufwärts folgend erreichen wir das Etappenende in Dreisbach.

Aus dem Tagebuch von... Marco Muhar

Von Perl nach Dreisbach wollen wir heute wandern.
Das Ziel liegt Luftlinie rund einen Kilometer von der Cloef entfernt, dem Endpunkt der 12. Etappe. Damit ist die so genannte „Moselschleife" des Saarland-Rundwanderweges begangen. Das Höhenprofil zeigt zwei größere Steigungen an, dafür fällt die Linie zum Ende hin rasant ab. 250 Meter auf knapp zwei Kilometer – wer nachher nicht schnell genug anhalten kann, der fliegt in die Saar....
Mit quietschenden Sohlen schaffen wir es gerade noch rechtzeitig vor der Saar zu stoppen. Niemand muss aus Flussnot gerettet werden, und es hätte wohl auch keiner von uns die Kraft dazu. Die letzten Kilometer nach Dreisbach ziehen sich endlos.

Dabei geht es doch nur ganz harmlos an der Saar entlang.

Fähre an der Saar

Vom Saarufer durch die Äppelkischd zur Burgruine

In Dreisbach verlassen wir die Saar, um erst in Völklingen wieder mit ihr Kontakt zu haben. Durch ausgedehnte Waldgebiete und über das Hochplateau des nördlichen Saargaus geht der Weg durch einen Teil der Äppelkischd des Saarlandes.

Die Streuobstwiesen, die wir hier überall antreffen, sind ein wertvolles Stück Natur. Viele der heimischen Vögel wären ohne die von Menschenhand geschaffene Kulturlandschaft nicht lebensfähig. Sie benötigen die freien Wiesenflächen ebenso wie die alten knorrigen Obstbäume, die ihnen Nahrung und Wohnung bieten. Unterbrochen werden die Wiesen durch kleinere Waldstücke, bewirtschaftete Felder und Weideland.

Eine Landschaft mit weiten Ausblicken wie sie idealer zum Wandern nicht sein könnte.

Das Fährhaus in Dreisbach

Dreisbach wurde erstmals im 14. Jhd. erwähnt. Der Name leitet sich ab aus dem gotischen Drinsan (= fallen oder herabstürzen), Dreis oder Dreisbach sind demnach Bezeichnungen für das starke Gefälle des durch den Ort fließenden Baches.

In der neuen Kapelle des Ortes steht eine Nikolausstatue. Eine zweite Nikolausstatue befindet sich mitten in der Saarschleife in einer Ufernische, die nur vom Schiff aus zu sehen ist. Der heilige Nikolaus gilt als Schutzpatron der Schiffer.

Mit 180 Einwohnern gehört Dreisbach heute zur Großgemeinde Mettlach. Der Ort ist ein Geheimtipp für alle, die Ruhe und Entspannung suchen.

Radeln, Wandern, Schifffahrten, Besichtigungen und Ausflüge in die Kulturstädte diesseits und jenseits der Grenzen – Trier (40 km), Luxemburg (40 km), Saarbrücken (50 km) oder Metz (70 km) haben für jeden etwas zu bieten.
Mehrere Wanderwege von Dreisbach aus führen zu jenem

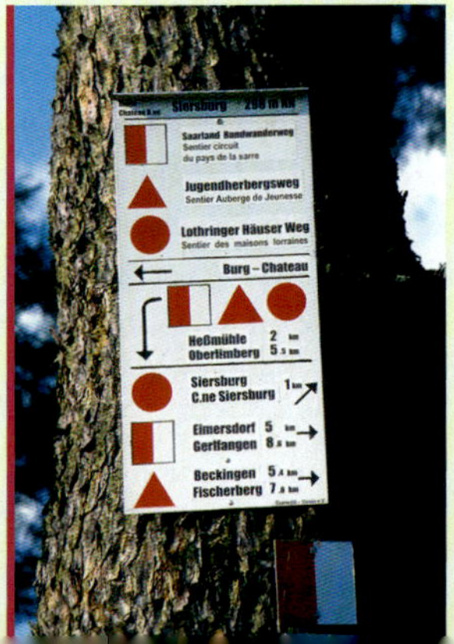

Saaridyll

Aussichtspunkt bei Orscholz, der schlichtweg als Muss für Saarlandbesucher gilt.

Hier saßen schon Bundespräsidenten, Kanzler und Prominente, weil der Blick auf die Saarschleife und auf Dreisbach als unverzichtbar für einen Saarlandbesuch gilt. Fast alles, was man sieht, ist Natur- oder Landschaftsschutzgebiet. Tief im Tal verkehrt die Fähre „Welles", die einzige im Saarland und auf der Saar.

An verschiedenen Schiffsanlegestellen machen Ausflugsschiffe immer wieder fest und laden zu einer Fahrt auf der Saar durch die berühmte Saarschleife ein. Vom Deck eines dieser Schiffe kann man die Saarschleife und den Aussichtspunkt Cloef auch einmal aus einer anderen Perspektive betrachten.

Der Olympiastützpunkt der saarländischen Ruderer befindet sich am Fahrweg zum Scheitelpunkt der Saarschleife, hier trainierten bereits Olympiasieger.

Im Ort befindet sich eine komplett neu gestaltete Jugendherberge und ein Jugendgästehaus mit mehr als 120 Betten. Hier könnte der Ausgangspunkt für Wanderungen zur Burg Montclair, zur Weltfirma Villeroy & Boch nach Mettlach, für Fahrten nach Nennig zum römischen Mosaikfußboden oder ins Wolfsgehege nach Merzig sein.

Marmelade

Parken: in Dreisbach an der Saar

Wegstrecke: 26,7 km

Startpunkt: Dreisbach Ortsmitte (Platz mit Boot)

Information: Tourismusverband Merzig-Wadern, Merzig, Telefon: 0 68 61 / 7 38 74, Saarschleife Touristik, Mettlach, Telefon: 0 68 64 / 83 34, Touristinformation Kreis Saarlouis, Saarlouis, Telefon: 0 68 31 / 44 44 88, Touristinformation Rehlingen-Siersburg, Telefon: 0 68 35 / 50 81 32

Wegmarkierung: rot/weißes Rechteck

Einkehren: Pehlinger Hof, Gerlfangen, Telefon: 0 68 33 / 10 10, Hetschermühle, Rehlingen-Siersburg, Telefon: 0 68 35 / 60 14 65, Restaurant Niedmühle, Rehlingen-Siersburg, Telefon: 0 68 35 / 6 74 50

Übernachten: Hessmühle, Rehlingen-Siersburg, Telefon: 0 68 35 / 12 52

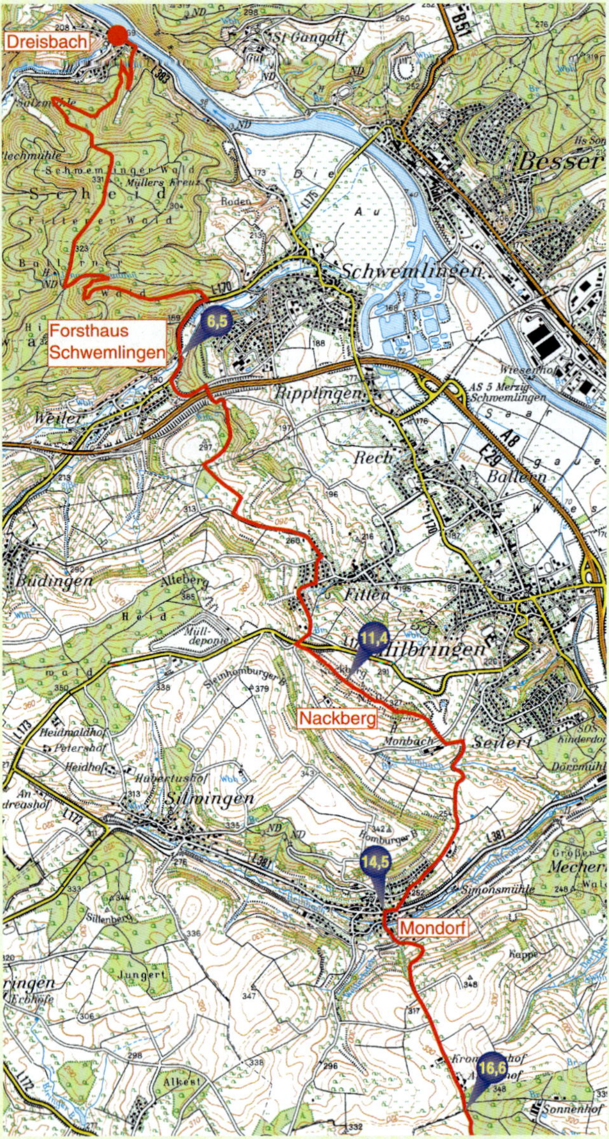
Dreisbach
Forsthaus Schwemlingen
6,5
11,4
Nackberg
14,5
Mondorf
16,6
St Gangolf
Besser
Schwemlingen
Ripplingen
Weiler
Rech
Ballern
Büdingen
Fitten
Hilbringen
Seiler
Silmingen
Heidmaldhof
Petershof
Heidhof
Hubertushof
Monbach
Simonsmühle
Kappe
Sonnenhof
Jungert
Alkest
Sillenberg
A8
E29
L 170
L 175
L 381
B 51

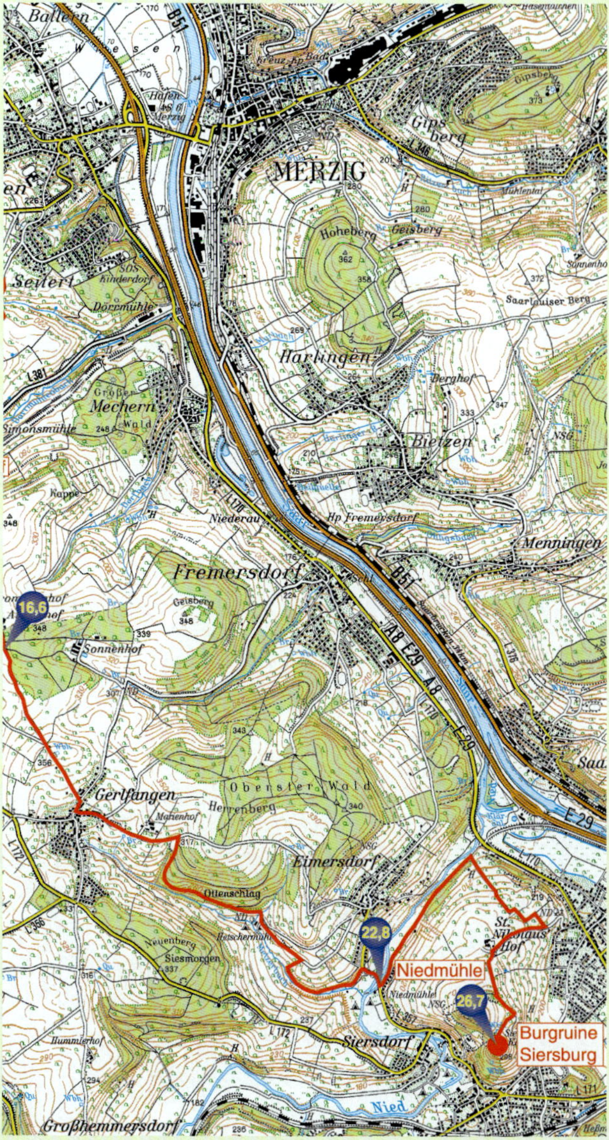
MERZIG
Fremersdorf
Harlingen
Bietzen
Menningen
Gerlfangen
Eimersdorf
Siersdorf
Großhemmersdorf
Mechern
Oberster Wald
16,6
22,8
26,7
Niedmühle
Burgruine
Siersburg

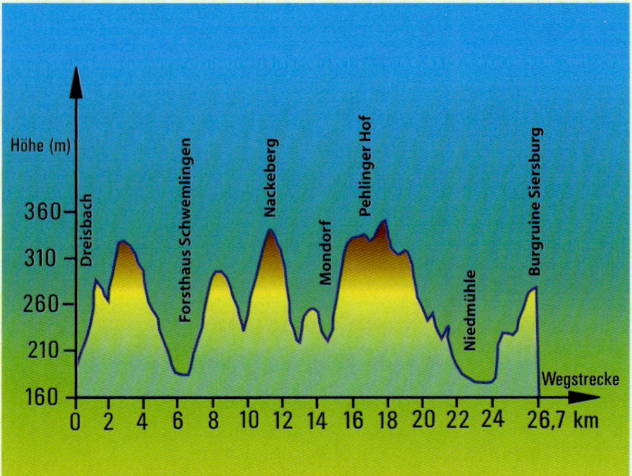

Höhenprofil - 16. Etappe

WEGBESCHREIBUNG

In der Engelstraße in Dreisbach finden wir rasch einen steil nach oben führenden Kopfsteinpflasterweg, den Einstieg der Etappe nach Rehlingen-Siersburg. Es ist ein langer Anstieg auf einem kleinen Pfad durch den Scheidwald und es wird nicht der letzte Anstieg des Tages bleiben. Irgendwo habe ich mal gelesen, der Himmel vom Saarland ist grün. Auf dieses Teilstück trifft dieser Satz hundertprozentig zu.

Nach dem Scheidwald folgt der Schwemlinger Wald, anschliessend der Fittener Wald, wir durchqueren den Ballerner Wald und erreichen am Ende des Hilbringer Waldes zwischen Schwemlingen und Weiler das Forsthaus Schwemlingen rechter Hand und gleich anschließend die Landstraße L 170. Wir folgen der Landstraße nach rechts bis zum Ortsschild von Weiler. Unmittelbar vor dem Ortsschild müssen wir die Straße überqueren und folgen der Markierung in den Wald.

Der zweite Anstieg der Tagesetappe erfolgt über eine schmale Teerstraße. Die Autobahntrasse Saarbrücken-Luxemburg wird überquert, und auf der Teerstraße geht es weiter nach oben. Kurz vor dem nächsten Waldstück müssen wir nach links. Am Ende eines Wiesenweges müssen wir wieder nach links unten abbiegen. Ein Feldwirtschaftsweg bringt uns zum Ortsrand von Fitten. Weit vor uns, unten liegt das Saartal mit der Kreisstadt Merzig.

Kreuz auf dem Nackberg

In Fitten müssen wir durch ein kleines Wohngebiet, die Wegmarkierung ist hier überall gut zu erkennen. Am Ende der Bebauung folgt ein weiterer recht steiler Anstieg, ehe wir über den Höhenrücken des Nackberges Richtung Mondorf wandern.

Das Naturschutzgebiet Nackberg, das einen fantastischen Ausblick ins Saartal gewährt, ist bekannt für seine Orchideenvielfalt. Auf dem höchsten Punkt des Berges (345 m) ist ein weithin sichtbares Kreuz aus Beton errichtet worden. Vom Nackberg bringt uns ein kleiner, teils steiler Pfad hinunter zum Hofgut Monbach, das wir rechter Hand passieren. Kurz hinter dem Hofgut erwartet uns die nächste Steigung, bevor wir nach Mondorf gelangen. Die Beschilderung bringt uns durchs Neubaugebiet von Mondorf, zunächst durch die Johannisstraße und später durch die Straße Am Südhang. An deren Ende überqueren wir die Verbindungsstraße zwischen Mondorf und Silwingen und folgen der Trasse wenige Meter nach oben. Über die Unterdorfstraße, die ein kurzes Stück bergab führt, verlassen wir Mondorf wieder. Nachdem wir einen kleinen Bachlauf überquert haben, folgt ein weiterer langer und teilweise steiler Anstieg.

Auf einer Höhe von 300 m erreichen wir den nördlichen Teil des Saargaus, der sich parallel zum Saartal von Norden nach Süden ausdehnt. Sanfte Wellen, geprägt durch Ackerland und Weiden, geben einem das Gefühl, in der Landschaft versinken zu müssen.

Wenn wir den Krombernhof, der am Wegesrand liegt, passiert haben, müssen wir nach rechts, ohne Markierung über freies Feld, um den Pehlinger Hof zu erreichen.

Prämiertes Bauernhaus in Gerlfangen

Petra und Norbert Adam

Petra und Norbert Adam bewirtschaften den Hof und bieten ihre Produkte im Hofladen an. In der Bauernstube hat man dann Gelegenheit eine ausgedehnte Mittagsrast einzulegen.

Zurück zum Weg. Die nächste Ortschaft, die wir durchwandern, wird Gerlfangen sein. Über den Lommerweg verlassen wir Gerlfangen wieder, kommen vorbei am Marienhof, um kurz danach nach rechts unten wieder für längere Zeit im Wald zu verschwinden. Es geht bergab Richtung Hetschermühle. Über einen Wiesenweg erreichen wir den Metzer Bach, der kurz vor Rehlingen-Siersburg in die Nied mündet. Im Tal folgen wir dem Bachlauf, bis wir auf die Straße stoßen, die Siersburg mit Eimersdorf verbindet. Der Straße folgen wir nach rechts unten und überqueren kurz danach auf einer Brücke die Nied.

Wenn wir das Restaurant Niedmühle rechter Hand erreicht haben, biegen wir nach links in die Straße Im Haag. Links am Hang liegt das Dorf Eimersdorf, ein kurzes flaches Wegstück gibt uns Gelegenheit noch einmal zu verschnaufen. Was dann folgt, ist eine schier endlos ansteigende Wegpassage, die erst oben auf der Burgruine Siersburg zu Ende ist.

Der quadratische Turm der Siersburg ist weithin sichtbar. Die Burg, deren Anfänge ins 12. Jhd. zurückreichen, gehörte zum Besitz der Herzöge von Lothringen. Die 1793 zerstörte Burg stand an der ehemals wichtigen Verbindungsstraße von Metz nach Mainz. Wenn man das Burggelände erklommen hat, bieten sich Ausblicke ins Saartal bis hin zum Schaumberg.

Die Siersburg

Aus dem Tagebuch von... Ricarda Wackers

Versprochen ist versprochen.

Schließlich erreichen wir das erste Etappenziel Merzig-Fitten.

Und hier, am oberen Ende des Nackberges, nach einem weiteren kräftigen Anstieg, erwartet uns eine schöne Überraschung. Bänke sind aufgestellt, ein kleines Zelt, und darin steht Marianne Lorreng, die Vorsitzende des Fördervereins Bietzener Heilquelle. Sie hat köstlichen Kuchen gebacken, mit Rhabarber

und frischen Erdbeeren aus der Region.
Auf diese Weise löst sie ein Versprechen ein, das sie in einer Live-Sendung auf SR3 Saarlandwelle Günter Schmitt gegeben hatte. Sollte die Aktion „In 20 Tagen rund ums Saarland" jemals Wirklichkeit werden und die Wanderer in Merzig-Fitten vorbeikommen – so lautete die Abmachung – werde sie Kuchen stiften.

Die Wandertour ums Saarland herum ist wahr geworden, und auch das Versprechen wurde mehr als nur gehalten.

Kongresse · Tagungen · Festlichkeiten · Seminare · Events
★★★SUPERIOR
Hotel Scheidberg
Wallerfangen
14 Seminar und Tagungsräume, großer Kongress-Saal und Festsaal
Wintergarten und Terasse mit Panoramablick, 18-Loch-Golfplatz in unmittelbarer Nähe
Sauna, Dampfbad, Whirlpool, Solarium, Fitnessraum, Kegelbahn
Sympathie HOTELS
– Jeden Sonntag Gourmetlunch ab 12.00 Uhr –
66798 Wallerfangen · Ortsteil Kerlingen · Tel. 0 68 37 / 7 50
Fax 0 68 37 / 75 30 · www.hotel-scheidberg.de

Vom Tal der Nied auf die Höhen des Saargaus

Der Saargau war immer Grenzlandschaft zwischen Frankreich und Deutschland. Mal war er lothringisch, mal war er dem Völkerbund unterstellt, mal war er preußisch und mal war er deutsch. Der Saargau ist nur dünn besiedelt. Hier spazieren oder wandern, heißt eintauchen in die Landschaft. Da sind an den Wanderwegen die Lothringer Kreuze zu entdecken und alte Grenzsteine, die das Land teilen.

Da wäre auch noch die Mispel zu erwähnen, im Volksmund als „Hundsärsch" bezeichnet. Kenner sind voll des Lobes, wenn diese Frucht zu Schnaps weiterverarbeitet wird. „Der Saargau, das ist so etwas wie ein Schluck Sekt am Gaumen. Das sind immer neue Perspektiven. Bei jedem Schritt." Diese Gedanken hat der Autor Peter C. Keller einmal zu Papier gebracht. Trinken wir einen Schluck und lassen uns beim Wandern von der Landschaft verwöhnen.

Ortsporträt

Rehlingen-Siersburg empfängt den Besucher in der offenen, einladenden Landschaft des weiten Tales an der unteren Saar. Es kommt nicht von ungefähr, dass man gelegentlich Rehlingen-Siersburg als „Niedtalgemeinde" bezeichnet. In der Tat ist die Nied so etwas wie die Visitenkarte dieser Gemeinde wie auch der an ihr gelegenen Städte und Orte im benachbarten Lothringen.

Die Nied mit ihren beiden Quellflüssen „Nied Allemande" und „Nied Française" ist der zweitgrößte Nebenfluss der Saar.
Sie zählt zu den saubersten Fließgewässern in ganz Deutschland und erfüllt die Qualität eines natürlichen Badegewässers. Unverwechselbar in ihrem Charakter, doch verwechselbar in der jeweiligen staatlichen Zugehörigkeit ist die Landschaft, idyllische Fluss- und Bachtäler.

Wohl kaum ein Grenzgebiet ist zu finden, in dem es so enge geschichtliche Verflechtungen gibt wie in dieser deutsch-französischen Region. Bei der Teilung des Frankenreiches 843 wurde das Mittelreich „Lotharingen" gegründet. Die Saargegend und der Busendorfer Bereich gehörten damals zu „Lotharingen", das sich wie ein Keil zwischen das Westfrankenreich und das Ostfrankenreich geschoben hatte. 1751 war unter Herzog Stanislaus Leszczynski das Amt Busendorf geschaffen worden. Zu ihm gehörten mit Ausnahme von Fremersdorf und Siersdorf alle Orte der heutigen Gemeinde Rehlingen-Siersburg.

Im Jahre 1232 wurde die Pfarrei Itzbach (heute Siersburg) in die Benediktiner-Abtei Heilig Kreuz in Bouzonville eingegliedert. Die gemeinsame Mundart und das Lebensgefühl der Menschen bilden eine besondere Seelenverwandtschaft. Die offizielle Städtepartnerschaft zwischen Rehlingen-Siersburg und Bouzonville wurde im Mai 1979 geschlossen.

Linslerhof

Willkommen

im Kreis Saarlouis

- Individuelle Ausarbeitung von Reiserouten
- Pauschalangebote für Gruppen, Vereine, Busunternehmen (Reiseleitung, Gästeführung, Karten, Informationen)
- Zimmervermittlung
- Wanderpauschalen, z. B. „Schnupperwandern mit Genuß" „Wandern im Land der Hl. Oranna",„Kelten, Römer, Orchideen im Kreis" u.v.m.

SEHEN UND ERLEBEN

Weitere Infos und Tipps:
Tourist-Info Kreis Saarlouis
D-66740 Saarlouis
Fon 0 68 31 / 44 44 88
Fax 0 68 31 / 44 42 62
E-Mail: mueller.ruck.wfus@t-online.de
Internet: www.wfus.de

Landkreis Saarlouis

Saarland
mit grenzenlosem Charme

Blick über Siersburg

Parken: Parkplatz an der Zufahrt zur Hessmühle

Wegstrecke: 19,7 km

Startpunkt: Parkplatz an der Hessmühle

Information: Tourist-Information Kreis Saarlouis, Saarlouis, Telefon: 0 68 31 / 44 44 88

Wegmarkierung: rot/weißes Rechteck bis Berus, von Berus bis Linslerhof schwarzes Lothringer Kreuz auf weißem Untergrund

Einkehren: Margaretenhof, Überherrn, Telefon: 0 68 36 / 20 10, Hotellerie Waldesruh, Oberlimberg, Telefon: 0 68 31 / 9 66 00

Übernachten: Hotel Linslerhof, Überherrn, Telefon: 0 68 36 / 80 70, Katharinenhof, Überherrn, Telefon: 0 68 36 / 60 01

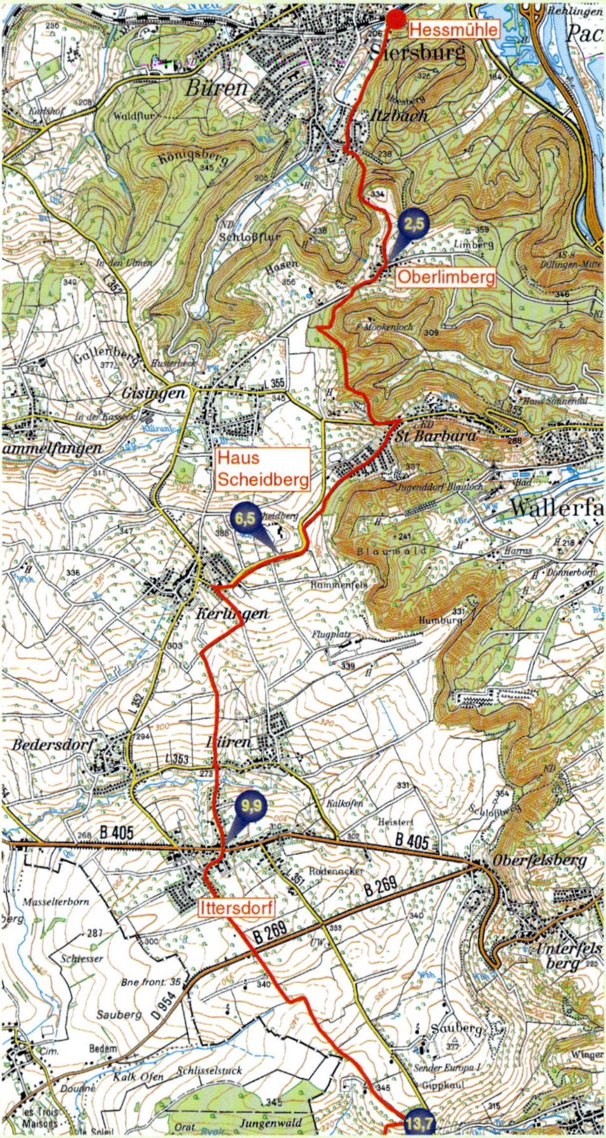
Hessmühle
Siersburg
Rehlingen
Büren
Itzbach
Königsberg
Waldflur
2,5
Oberlimberg
Limberg
Schloßflur
Hasen
Gallenberg
Gisingen
Mookenloch
St Barbara
Haus Sonnental
Haus Scheidberg
Jugenddorf Blauloch
Wallerfa
6,5
Blauwald
Harras
Donnerborn
Kerlingen
Rammenfels
Flugplatz
Humburg
Bedersdorf
Büren
Kalkofen
Heistert
Schloßberg
9,9
B 405
Oberfelsberg
Rodenacker
B 269
Masselterborn
Ittersdorf
Unterfelsberg
Schiesser
Sauberg
Bedem
Kalk Ofen
Schlisselstuck
Sender Europa 1
Gippkaul
Douane
Jungenwald
Les Trois Maisons
13,7

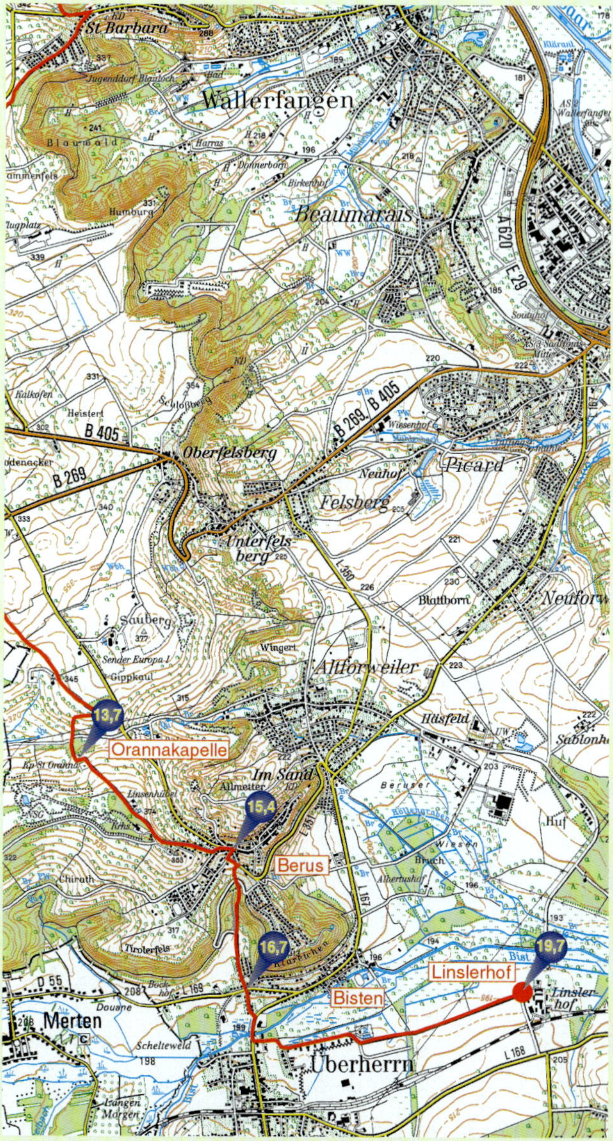
St Barbara
Wallerfangen
Blauwald
Beaumarais
A 620
E 29
B 405
B 269
B 269, B 405
Oberfelsberg
Picard
Neuhof
Felsberg
Unterfelsberg
Sauberg
Sender Europa 1
Altforweiler
Neuforw
13,7
Orannakapelle
Im Sand
15,4
Berus
Tirolerfels
16,7
Bisten
19,7
Linslerhof
Merten
Überherrn
L 168
D 55

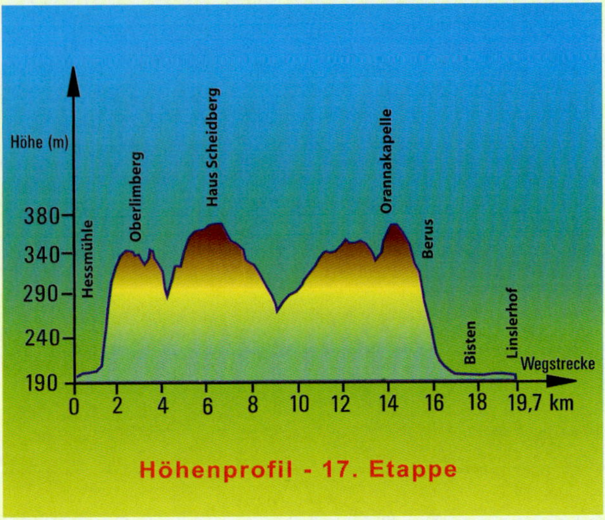

Erinnerung an die Tour de France 2002 in Rehlingen-Siersburg

Wegbeschreibung

Unterwegs in Oberlimberg

Vom Tal der Nied müssen wir zunächst auf die Höhen des Saargaus, und das bedeutet, es geht gleich zu Beginn ordentlich nach oben. Es wird der einzige längere Anstieg dieser Etappe sein. Wenn wir die Gebäude der Hessmühle hinter uns haben, steigt der Weg stetig an. Entlang am Westhang des Hoesberges gewinnen wir auf schattigem, weichem Waldboden an Höhe. An der großen Waldkreuzung wandern wir zunächst geradeaus weiter, ehe wir kurz danach in Serpentinen weiter nach oben kommen.

Die erste Ortschaft, die uns erwartet, ist Oberlimberg. Die Markierung bringt uns sicher durch den Ort, den wir Richtung Golfplatz verlassen. Der Straße Zum Golfplatz folgen wir nur ein kurzes Stück, um dann weit vor Gisingen links abzubiegen.

St. Barbara ist unser nächstes Nahziel. Wir erreichen den Ort über die Verbindungsstraße, die nach Gisingen führt, und folgen der Beschilderung durch die Straße Zum Blauloch. Die Häuser von St. Barbara haben wir rasch hinter uns, am Ende der Bebauung folgen wir dem befestigten Feldwirtschaftsweg Richtung Scheidberg, der höchsten Erhebung (386 m) im südlichen Saargau.

Unser Weg führt am Hotel Haus Scheidberg vorbei. Die Straße, die Gisingen mit Kerlingen verbindet, muss überquert werden. Anschließend geht es nach rechts in Richtung

Kerlingen. Wenn wir den Weg Richtung Kerlingen erreicht haben, erwartet uns ein Blick, der für die Aufstiegsstrapazen zu Beginn der Wanderung belohnt. Felder- und Wiesenlandschaft in sanften Wellen und bunten Farben. Kleine Ortschaften bilden die Fetzen eines großen Flickenteppichs zwischen Wiesen, Feldern und kleineren Waldstücken.

Dr. Ulrich Meisser hat die Landschaft des Saargaus so beschrieben: „Mir bedeutet der Gau eine ganz tiefe persönliche Beziehung, die am ehesten mit dem Wort „Liebe" umschrieben werden kann. Eine Landschaft von besonderem Licht. Das sind dann die Hügel unter dem Licht, die Bäume, die Baumreihen. Es sind die Felder, die Waldstücke dazwischen. Es sind die langen, langen Straßen mit Alleen, die nur für dich da zu sein scheinen. Der Gau ist für mich eine Landschaft, wenn ich dort bin, glaube ich, ist Feiertag".

Mit diesen Gedanken im Kopf und Feiertagsstimmung lässt es sich gut weiterwandern. In Kerlingen biegen wir am Ortsanfang scharf nach links in die Straße Zur Bannheck. Hinter dem letzten Haus dieser Straße müssen wir nach rechts.
Die Sendemasten von Europa I drüben auf dem Sauberg bei Berus scheinen nicht wirklich näher zu kommen. Linker Hand liegt der Sportflughafen von Düren, Flugzeuge bringen die Fallschirmspringer in die Luft. An manchen Tagen fallen ständig kleine, bunte Schirme vom Himmel.
Bevor wir Ittersdorf erreichen, müssen wir die Straße zwischen Düren und Bedersdorf überqueren. Leicht ansteigend kommen wir zur Ortsmitte und überqueren hier die Verbin-

Sendemasten bei Berus

dungsstraße zwischen Ittersdorf und dem nahen Lothringen.

Die Sendemasten kommen nun immer näher. Die vier abgespannten Masten haben eine Höhe von 280 Meter. Die Europäische Rundfunk und Fernseh AG Europa 1, die 1952 gegründet worden ist, strahlt mit ihrem Langenwellensender mit einer 2000 KW Leistung ein französischsprachiges Hörfunkprogramm weit über die Grenzen Frankreichs aus.

Die Sendemasten im Rücken ist die Orannakapelle weit vor den Toren von Berus unser nächstes Ziel. Im 6. Jhd. verließ die aus Irland kommende Oranna ihre Heimat, um zusammen mit schottischen Mönchen im südlichen Saargau zu missionieren.

Nach alter Tradition wird das Orannafest noch heute am Sonntag nach Kreuzerhöhung gefeiert. Die Prozession am darauf folgenden Montag bildet den feierlichen Höhepunkt des kirchlichen Festes und der Beruser Kirmes.

Von der Orannakapelle Richtung Berus wandernd kommen wir zum Europa-Denkmal. Von der kleinen Plattform hat man gute Sicht ins weit unten liegende Saartal.

Das Denkmal, das 1970 enthüllt wurde, gilt als Symbol deutsch-französischer Freundschaft. Die Erinnerungsstätte, zwei 16 Meter hohe parallele Stahlbetonscheiben, die im oberen Teil ein Strahlenbündel von Metallstäben

St. Oranna Kapelle

Europa Denkmal

durchdringt, ist den „großen Europäern“ gewidmet, die sich um die Einigung Europas verdient gemacht haben. Es sind dies: Josef Bech, Alcide de Gasperi, Paul-Henri Spaak, Robert Schuman und Konrad Adenauer. Im Sommer 1997 ist eine Briefmarke der Deutschen Bundespost mit dem Motiv des Europa-Denkmals erschienen.

Es geht nach Berus. Die Überlieferung berichtet von einem römischen Kastell auf der Bergspitze von Berus. Bereits die Kelten hatten die Vorzüge dieser natürlichen, unbezwingbaren Festung erkannt. Die Besichtigung des Ortskerns mit dem Burgtor, dem Torhaus Scharfeneck und der Pfarrkirche mit ihren barocken Altären, sollte man nicht versäumen.

In der Ortsmitte von Berus verlassen wir die Markierung des Saarland-Rundwanderweges, um der Markierung des Lothringer Kreuzes (schwarz auf weißem Grund) bis zum Linslerhof zu folgen.

Wir verlassen Berus durch den Pärweg steil nach unten, überqueren die Hauptstraße (Konrad Adenauer Straße) und erreichen bergab die Kneippanlage außerhalb von Berus. Vorbei am Saarlouiser Staatsforst gelangen wir zur L 167, die Altforweiler mit Überherrn verbindet. Nach rechts folgen wir der Straße bis Bisten.

Seit wir die Orannakapelle verlassen haben, sind wir auch auf der Wegtrasse des Johannes Kirschweng Weges. Ein Lothringer Kreuz markiert den Weg, der von der Kapelle über Berus, vorbei am Linslerhof bis nach Wadgassen führt. In Bisten müssen wir die Hauptstraße überqueren, kurze Zeit später auch die Bist. Ein flaches Wegstück bringt uns durch die Bist-Auen zwischen Bisten und dem Linslerhof. Von hier hat man einen herrlichen Blick auf die Silhouette von Berus. Wenn wir den Verbindungsweg zwischen dem Linslerhof und Überherrn erreicht haben, wenden wir uns nach links. Bald sehen wir den Linslerhof vor uns.

Rehlingen-Siersburg

Gemeinde im Grünen

Die weiträumige Gaulandschaft mit traditionellen Streuobstwiesen und das idylische Niedtal garantieren Erholung pur. Vielseitige Freizeitaktivitäten wie RadWandern auf 175 km Wegenetz oder Baden in der Nied, einem der saubersten Fließgewässer Deutschlands, machen den besonderen Reiz dieser Gemeinde aus.

Ein buntes Kultur- und Sportangebot genießt durch aktives Vereinsleben einen außergewöhnlich hohen Stellenwert und gibt der Gemeinde zusammen mit dem "savoir vivre" der französischen Nachbarn einen besonderen Charme.

Gemeinde 66780 Rehlingen-Siersburg,
Bouzonviller Platz
Telefon 06835 / 5080 Fax 508390

Aus dem Tagebuch von... Marco Muhar

Ein herzliches „Nein!“ zur Chronistenpflicht. All diese Namen, Jahreszahlen und Bräuche – die Seiten meines Notizbuches füllen sich heute schnell. Fragezeichen deuten Unklares und Mehrdeutiges an, Auslassungen zeigen, wo Geschichten zu leise erzählt oder Halbsätze vom Wind davongetragen wurden.

Vieles ist nur durchgestrichen und nicht korrigiert. Natürlich ließe sich alles nachlesen, die Erzählung durch vorgeschriebene Geschichte ersetzen.

Aber wir sind ja Wanderer, haben noch viele Kilometer vor uns und keine Bücher im Rucksack. Unser Motto lautet: keine Atempause, Geschichte wird gemacht, es geht voran.

Und so wird am Ende des heutigen Tages wohl jeder von uns seine private „Geschichte des Saargaus“ fabriziert haben.

Irgendwo zwischen Heiligenlegende, privatem Interesse, Heimatkunde und Erleben.

Europa-Denkmal Berus

Überherrn

Ein kleines Stück Europa

.... heißt Sie herzlich willkommen!

BESUCHEN Sie das für unsere Grenzregion symbolhafte Europa-Denkmal Berus und die über die Grenzen hinaus bekannte Wallfahrtkapelle St. Oranna Berus sowie das Torhaus „Scharfeneck", das Torhaus „Schloss" und die Pfarrkirche St. Martin in Berus.

ERLEBEN Sie einen Hauch von Mittelalter bei den sommerlichen Freiluft-Theater-Festspielen und den Burgfesten vor der malerischen Kulisse der landschaftlich reizvoll gelegenen Teufelsburg Felsberg oder beim Besuch der lothringischen Bergfeste Berus.

FINDEN SIE RUHE UND ERHOLUNG im nahen Warndtwald, dem ältesten und größten Waldgebiet des Saarlandes, und genießen Sie die Stille der weiten Landschaft auf den Höhen des Saargaues bei Berus und Felsberg.

St. Oranna Kapelle Berus

ERWANDERN Sie die abwechslungsreiche Naturlandschaft bei Ihren Touren auf dem ausgedehnten, grenzüberschreitenden Rad- und Wanderwegenetz.

UNTERNEHMEN Sie unvergessliche Ausflüge zu unseren Nachbarn nach Metz, Nancy, Luxemburg, Trier... und erleben Sie das grenzenlose Europa „live".

„Alter Grenzplatz" Überherrn

Wir freuen uns auf Sie!

Info: *Gemeinde Überherrn*
Rathausstraße 101
66802 Überherrn
Tel. 0 68 36 / 909 – 0

Durchs ehemals kaiserliche Jagdgebiet, den Warndtwald

Der Warndt, im Jahr 999 erstmals urkundlich erwähnt, war in dieser Zeit Jagdgrund des Kaisers und damit Bannwald. Es war also ein Gebiet, das der gemeine Mann nicht betreten durfte.

In heutiger Zeit schlängeln sich aus allen Himmelsrichtungen Wanderwege durch den Warndt. Darauf wird gewandert und spaziert, gejoggt und gewalkt, Rad gefahren und geritten. Auch die Grenze spielt im großen Waldgebiet, das die Länder Deutschland und Frankreich verbindet, keine Rolle mehr. Der 42 km lange Hugenotten-Fluchtweg führt vom Metzer Land in Lothringen nach Ludweiler im Warndt. Dieser saarländisch-lothringische Geschichtswanderweg symbolisiert über nationale und konfessionelle Grenzen hinweg die leidvolle Geschichte der Hugenotten. Für eine kurze Wegpassage wird der Weg, der mit einem blauen Hugenottenkreuz auf weißem Untergrund markiert worden ist, unser Begleiter sein.

Ortsporträt

Berus wurde 1235 urkundlich erstmals erwähnt. Zu dieser Zeit war Berus bereits eine von den lothringischen Herzögen errichtete Bergfestung mit eigenen Stadtrechten und Gerichtsbarkeit. Von den ehemaligen Befestigungen sind nach mehrfacher Zerstörung der Stadt nur ringischen Lebens und Ausdruck regionaler wie religiöser Verwurzelung – jenseits von Revolution, Grenzziehung und Abkapselung von Nationalstaaten. Die Kapelle beherbergt die Gebeine der hl. Oranna, Schutzheilige des Saargaus und des benachbarten Lothringens.

Torhaus in Berus

noch Teile erhalten. Das Torhaus „Scharfeneck" und das so genannte „Phillips Haus" (Bannhaus), die zwischen 1570 und 1580 entstanden sind, künden auch heute noch von der einstmals blühenden mittelalterlichen Bergstadt. Das Torhaus Schloss, ehemals das Eingangsgebäude zum Schlosshof, ist der einzige beim Abriss von 1809 erhalten gebliebene Teil der um 1570 erbauten Schlossanlage.

Die St. Oranna Kapelle bei Berus ist seit jeher für die Region von besonderer Bedeutung. Sie war stets ein Teil Beruser und loth-

Die Teufelsburg auf dem Schlossberg in Felsberg wurde nach der Zerstörung der benachbarten Burg Altfelsberg vom lothringischen Herzog um 1350 errichtet. Wie die Bergfeste Berus liegt auch die weitläufige Anlage der Teufelsburg auf einem ins Saartal vorspringenden Bergsporn, der zu den Ausläufern des lothringischen Hügellandes gehört. Der Name Teufelsburg leitet sich vom Ritter Arnold I. von Felsberg ab, der den Beinamen „der Teufel" trug und in der zweiten Hälfte des 14. Jhd. einer der Inhaber der Herrschaft Felsberg war.

Altes Jagdschloss Karlsbrunn

Im Jahr 1676 wurde die Burg auf Befehl Ludwig XIV. von französischen Truppen zerstört. 1964 wurde mit der Erforschung und dem Wiederaufbau der Burg begonnen. Im Keller der Burg befindet sich ein kleines Burgmuseum mit Fundstücken der Ausgrabungen. Vom Burgplateau hat man einen wunderbaren Blick ins Saartal.

Im Jahre 1154 schenkte Wintrich von Neumagen dem Kloster Fraulautern ein Grundstück, das in der Urkunde als „Lindenselle" bezeichnet wird und die Gegend um den heutigen Linslerhof meint.

Viele Jahre später ging das Grundstück in den Besitz der Familie von Boch-Galhau über, die heute noch Eigentümer dieses größten Hofes im Saarland ist. Nach umfangreichen Renovierungen beherbergt der historische Gutshof „Linslerhof" heute einen exklusiven Hotel- und Gaststättenbetrieb, hochmoderne Seminarräume, eine private Jagdschule mit Schießanlage sowie eine Reitanlage.

Parken: Parkplatz am Linslerhof

Wegstrecke: 23 km

Startpunkt: Linslerhof in Überherrn

Information: Tourist-Information Kreis Saarlouis, Saarlouis, Telefon: 0 68 31 / 44 44 88, Tourist-Information der Stadt Völklingen, Völklingen, Telefon: 0 68 98 / 2 11 00, Kontur-Kongress und Touristik GmbH, Saarbrücken, Telefon: 06 81 / 9 38 09-0

Wegmarkierung: ab der Ecke Langwies/Hauptstraße in Berus: rot/weißes Rechteck

Einkehren: Gaststätte Am Warndtweiher, Telefon: 0 68 98 / 6 02 60

Übernachten: Warndthotel Waibel, Karlsbrunn, Telefon: 0 68 09 / 99 40-0

Touristischer Tipp

...auf den Spuren der Industrie im Warndt

Ihre Wanderroute führt Sie durch die geschichtsträchtige Erholungslandschaft des Warndtwaldes. Sie begegnen Zeugnissen aus 200 Jahren saarländisch-lothringischer Industrie- und Grenzlandgeschichte. Orientieren Sie sich an dem Logo „grenzenlos wandern - auf den Spuren der Industrie im Warndt" (siehe Abbildung Seite 103). Wir empfehlen darüberhinaus den Wanderführer *„grenzenlos wandern - Saar-Moselle"*, angereichert um Karten (M 1:25.000) und 2001 erschienen im Pietruska-Verlag.

Unser Wegevorschlag (ca. 40 km, aber abkürzbar) führt von Völklingen nach Petite Rosselle, weiter nach Reumaux, zurück nach Velsen und wieder nach Völklingen.

Beginnen Sie Ihre Wanderung am Alten Bahnhof in Völklingen (Infotafel!) und folgen Sie der Wegemarkierung S 4 nach Fürstenhausen. Auf dem Weg hinauf zum Artilleriedenkmal und zur Marienkapelle gelangen Sie in den Völklinger Stadtwald und haben die Silhouette der Völklinger Industrieanlagen vor Augen. Weiter im Schafbachtal überschreiten Sie beiläufig die Staatsgrenze ins französische Petite-Rosselle. Vorbei an den Puits St. Charles und den Bergmannssiedlungen kommen Sie zum Carreau Wendel, dem imposanten lothringischen Bergbaumuseum. Von hier ist eine Abkürzung Ihres Weges über das Hôtel de Ville, die Schafbachmündung und Großrosseln nach Velsen möglich.

Folgen Sie dem Rosseltal weiter in Richtung Rosbruck /Cocheren. Von dort aus wurde 1816 die deutsch-französische Staatsgrenze gezogen. Symbolträchtige Monumente sind das Friedensdenkmal beim Grenzübergang Nassweiler-Rosbruck und der Gedenkstein „1000 Jahre Warndt" in Freyming-Merlebach. Der Staatsgrenze entlang wandernd gelangen Sie vom ehemaligen Schacht Reumaux zur Grubensiedlung Cité Reumaux und zum Sandgrubenkomplex von Freyming-Merlebach. Dort, wo der Sand zum Verfüllen der Stollen in gewaltigen Dimensionen gewonnen wurde, wird die künstliche Landschaft heute teilweise wieder mit Bergematerial aufgefüllt und renaturiert, teilweise auch zu Erholungszwecken umgestaltet. Genießen Sie den Ausblick über die Sandgruben bis zu den Industrieanlagen von Carling / St. Avold.

Auf Ihrer Wanderung durch den Warndtwald nach Karlsbrunn passieren Sie das Wildfreigehege und erreichen das ehemalige Jagdschloss Karlsbrunn. Weiter geht es nach Dorf im Warndt. Von dort aus folgen Sie eine Weile dem Saarland-Rundwanderweg (rot-weißes Rechteck) bis nach Velsen. Dieser Grubenstandort ist heute vor allem wegen des Fördergerüstes samt historischer Maschinenhalle und noch betriebenem Lehrstollen sowie durch die moderne Abfallverwertungsanlage bekannt.

Schließlich wandern Sie zur gegenüberliegenden Seite des Rosseltals nach Ludweiler. Bevor der Ort um „Bergarbeiterviertel" wuchs, war Ludweiler ein Bauerndorf, das 1607 von Hugenotten auf der Flucht vor religiöser Verfolgung gegründet wurde. Es lohnt der Besuch der Hugenottenkirche und des Warndt-Heimatmuseums. Auf dem Weg zum Hoheberg verabschiedet sich der Warndt. Oben auf der Höhe beginnt ein Panoramaweg, von dem Sie auf die Industrielandschaft des Saartales blicken können: natürlich auch auf das Weltkulturerbe Völklinger Hütte, dessen Erkundung Sie sich als Nächstes vornehmen sollten.

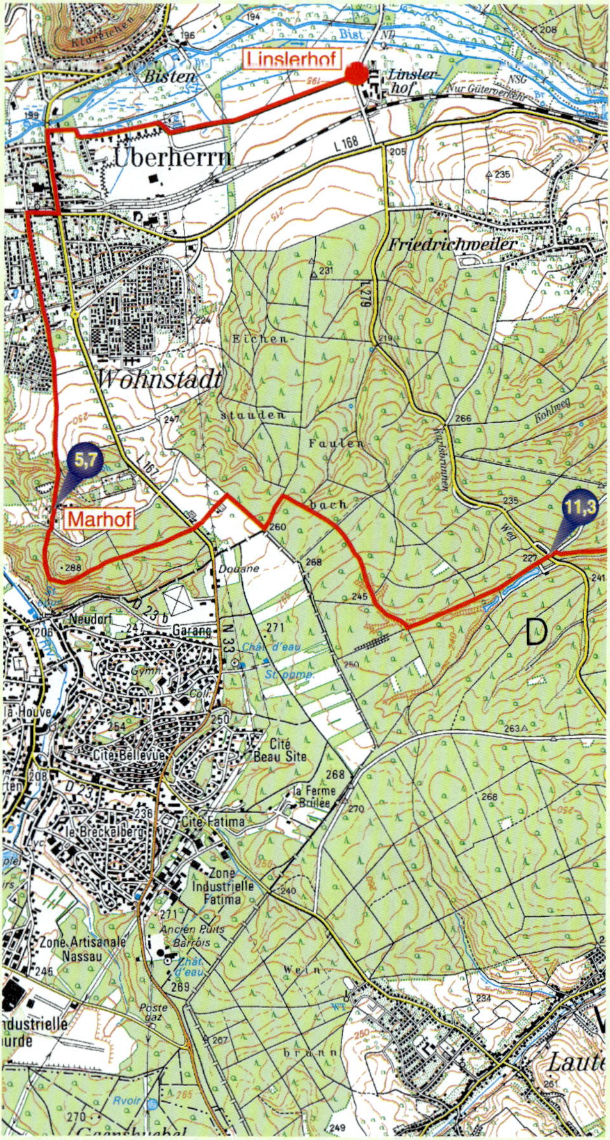

Linslerhof
Marhof
5,7
11,3
Überherrn
Bisten
Linsler-hof
Friedrichweiler
Wohnstadt
Eichen-
stauden
Faulen
bach
L 168
L 279
L 167
D
Neudorf
Douane
Garang
N 33
D 23 b
Château d'eau
St. pomp.
Cité Bellevue
Cité Beau Site
la Ferme Brûlée
Cité Fatima
le Breckelberg
Zone Industrielle Fatima
Ancien Puits Barrois
Zone Artisanale Nassau
Poste gaz
Rvoir
Kohlweg
Nur Güterverkehr

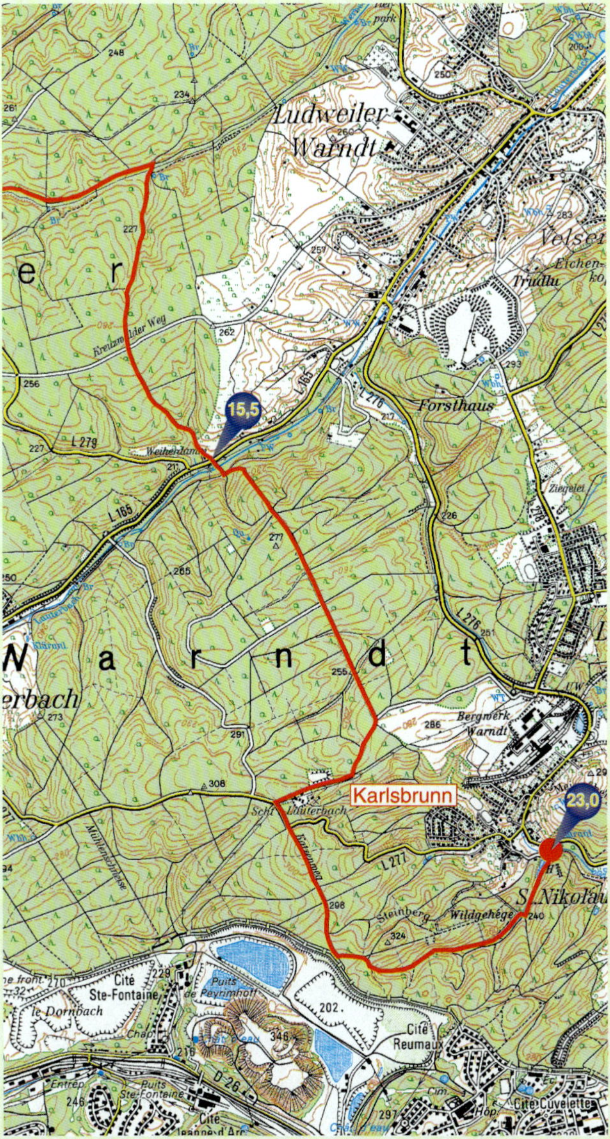

Ludweiler-Warndt
Velsen
Trudlu
Kreuzwalder Weg
15,5
Weiherdamm
L 165
L 279
L 276
Forsthaus
Ziegelei
Warndt
Bergwerk Warndt
Karlsbrunn
23,0
Lauterbach
L 277
St. Nikolaus
Steinberg
Wildgehege
Mühlenschneise
Cité Ste-Fontaine
Puits de Peyrimhoff
le Dornbach
Cité Reumaux
Cité Cuvelette
Puits Ste-Fontaine
Cité Jeanne-d'Arc

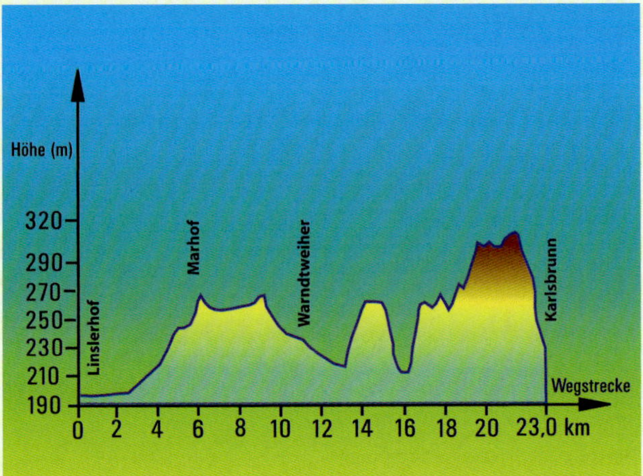

Höhenprofil - 18. Etappe

WEGBESCHREIBUNG

Linslerhof

Startpunkt der Wanderung ist der historische Gutshof Linslerhof.

Bereits 1155 wird der im Bisttal liegende Linslerhof in einer Urkunde als „Lindenselle“, was soviel wie „Linden am stehenden Wasser“ bedeutet, erwähnt. Er stand damals unter dem Hoheitsrecht der Grafschaft Saarbrücken und gehörte zur Abtei Fraulautern. Wegen seines Fisch- und Wildreichtums war das Gebiet ein beliebtes Jagdrevier der Grafen aus Saarbrücken. Auch Kaiser Barbarossa soll im Jahr 1178 hier gejagt haben.

Seit 1860 ist der Linslerhof im Besitz der Familie von Boch. In den letzten Jahren ist der historische Gutshof zu einer modernen Hotelanlage ausgebaut worden. Bekannt ist auch die zum Hof gehörende Antoniuskapelle. Am Samstag nach Pfingsten begeht man hier alljährlich den so genannten „Leslertag“, eine Wallfahrt der Menschen aus der saarländisch-lothringischen Grenzregion. Der Leslertag wurde und wird als ein Tag bewussten Heimaterlebnisses, religiöser Besinnung und als ein Tag der Freude begangen. Die Pilger baten um Hilfe für ihr krankes Vieh und besonders auch um Hilfe, wenn ihnen etwas verloren gegangen war.

Der Wanderweg führt vom Linslerhof Richtung Überherrn. Vom Hof folgen wir zunächst der Markierung des Johannes Kirschweng Weges (Lothringer Kreuz). Wir biegen dann später nicht nach rechts

Kirche in Karlsbrunn

in die Bist-Auen, sondern wandern geradeaus weiter. Überherrn erreichen wir über die Straße Langwies. Zwischen dem Feuerwehrgerätehaus und dem Rathaus stoßen wir auf die Hauptstraße von Überherrn und treffen hier auf die rot/weiße Markierung des Saarland-Rundwanderwegs.

Wir folgen der Markierung für ein kurzes Stück nach links durch die Hauptstraße, anschließend durch die Bonifatiusstraße. Die Bahngleise werden überquert, es folgt die Brückenstraße, über die wir die Bebauung von Überherrn verlassen um zum außerhalb liegenden Marhof zu gelangen. Etwa 300 Meter hinter dem Hof biegt der Weg links ab und verläuft parallel zur französischen Grenze, die 250 Meter entfernt ist. Die Straße zwischen Überherrn und dem kurz hinter der Grenze liegenden Carling muss überquert werden, die ehemalige Grenzstation zwischen Deutschland und Frankreich ist greifbar nahe.

Nachdem wir die Straße hinter uns gelassen haben, kommen wir ins größte zusammenhängende Waldgebiet des Saarlandes. Auf 5000 ha wächst vorwiegend Mischwald. Der Name „Warndt“ taucht urkundlich erstmals im Jahre 999 auf, als Kaiser Otto III. seinem Neffen, dem Bischof Adalbert von Metz, den Warndtwald nebst einigen anderen Ländereien zum Geschenk macht.

Das rot/weiße Rechteck ist im Wald gut auszumachen. Der Warndtweiher mit angeschlossener Gastronomie ist unser Ziel, das wir bald erreichen. Es wird die einzige Einkehr-Möglichkeit bis Karlsbrunn bleiben. Vorbei an Waldgemarkungen wie Fuchsborn, Wolfschneis und Bocken-

heimer Schlag erreichen wir am Forsthaus Weiherdamm die Verbindungsstraße L 165 zwischen Lauterbach und Ludweiler. Schräg gegenüber ist der Einstieg, der uns erneut in den Wald bringt. Abermals werden wir für einige Kilometer angenehmen Waldboden unter den Füßen haben.

Wenn wir die kleine Landstraße zwischen Karlsbrunn und Lauterbach erreicht haben, müssen wir dieser Straßenführung 150 Meter bis zur Kurve folgen. Der Forstweg, unser weiterführender Weg, bringt uns geradeaus wieder von der Straße weg. Über diesen so genannten Katzenweg gelangen wir zur französischen Grenze und streifen das Industriegebiet von Freyming-Merlebach.

Nach wenigen Minuten haben wir Karlsbrunn erreicht.

Blick auf Berus

Aus dem Tagebuch von... Ricarda Wackers

Sagenumwoben – der Warndtweiher.

Wir kommen an unser erstes Streckenziel, den Warndtweiher.

Folgende Sage rankt sich um dieses kleine Gewässer:
Als der Warndt noch wild und ungezähmt war, kamen nur sehr wenige Menschen an den Weiher, der damals noch ein See war. Eines Tages gelangte ein Jäger an das Ufer und erblickte in der Mitte des Sees einen wunderschönen Schwan. Zu gerne wollte er ihn als Jagdtrophäe erbeuten, und so beschloss er, da er weder eine Waffe mit ausreichender Reichweite noch ein Boot hatte, zu dem Tier zu schwimmen. Als er gerade ins Wasser steigen wollte, erschien ein Zwerg und hielt ihn von seinem Vorhaben ab. Der Schwan sei nicht zu erlegen, sondern nur alle sieben Jahre während einer einzigen Stunde zu erlösen. Diese Stunde müsse er finden. Und damit verschwanden der Zwerg und auch der Schwan. Sieben Tage lang saß der Jäger am See und wartete darauf, den Schwan noch einmal zu sehen, vergebens. In der Morgendämmerung des siebten Tages aber hörte er einen Gesang vom See her:

„In der Walpurgisnacht bin ich unbewacht,
Doch erst zur Sonnenwende reich mir deine Hände.
Nimm Walpurgiskahn, der am Gestade ruht,
In der Walpurgisnacht in deine sich're Hut,
Wenn dann zur Sonnenwend die großen Feuer lohn,
Reich mir dann die Händ und führ mich im Kahn davon."

Sieben Jahre lang wartete der Jäger am See, ohne den Schwan zu sehen, und erst in der siebten Walpurgisnacht fand er den Kahn. Am Abend der siebten Sonnenwende schließlich fuhr er in die Mitte des Warndtsees. Dort sagte ihm eine liebliche Stimme, er solle sich nicht umsehen, sondern der Sonne entgegenrudern. Erst wenn er festen Boden unter den Füßen habe, dürfe er zurückschauen. Der Jäger befolgte all dies, und als er sich schließlich umwandte, stand eine wunderschöne junge Frau vor ihm. Die Federn des Schwans aber schwammen im Wasser.

Und wenn sie nicht gestorben sind ...

Völklingen -
Weltkultur
und ...
STADT VÖLKLINGEN
Tourist-Information
Im Alten Bahnhof
66333 Völklingen
Tel.: 06898/ 2 11 00
Fax: 06898/ 29 49 16
tourist-info@voelklingen.de
www.voelklingen.de

Vom Warndt zum Weltkulturerbe Völklinger Hütte

Der Weg vom großen Waldgebiet des Warndtwaldes nach Völklingen bringt den Wanderer auf die Spuren von Industrieanlagen. Der Stadtverband Saarbrücken hat gemeinsam mit dem Département Moselle einen grenzenlosen Wanderweg kreiert. Auf 40 Kilometern führt die Wanderroute, die den Namen „Grenzenlos wandern – auf den Spuren der Industrie im Warndt" trägt und mit S4 gekennzeichnet ist, durch die geschichtsträchtige Erholungslandschaft des Warndtwaldes.

In Völklingen wartet eine Burg aus Stahl am Ende der Wanderung: die Völklinger Hütte, seit 1994 Weltkulturerbe. Seit über 100 Jahren prägt die einzigartige Silhouette der alten Eisenhütte das Gesicht Völklingens. „Altes Schätzchen", so hieß sie einstmals im Volksmund. In guten Zeiten arbeiteten über 20.000 Menschen „off da Hidd".

Ortsporträt

Karlsbrunn liegt in einem stillen Talkessel, inmitten des seit dem frühen Mittelalter bekannten Bannwaldes „Warndt". Der ausgedehnte Wald – einst das Jagdrevier von Kaisern und Königen – ist heute in seiner zusammenhängenden Gesamtgröße über 5000 ha der schönste saarländische Forst.

1992 feierte Karlsbrunn sein 275-jähriges Bestehen. Eine starke natürliche Quelle im Sandsteinfels eines Hanges sowie der Dank der Siedler an den Landesherren, Fürst Ludwig von Nassau-Saarbrücken, waren der Ursprung der Namensgebung: Karlsbrunn. Im Herzen des großen Warndtwaldes präsentiert sich das Dorf als ein idyllischer Fleck. Entstanden ist das Dorf 1717 aus der Ansiedlung von Glasbläsern und auf Grund der Errichtung einer kleinen Glashütte. Der Ort gehört heute zur Gemeinde Großrosseln.

Aus den einstigen Glasmachern und Waldbauern wurden im Wandel der Zeit hauptsächlich Bergleute und Hüttenarbeiter. In dem nahen Bergwerk Warndt/Luisenthal fanden viele Bewohner aus Karlsbrunn ihre Arbeit. Die Verbindung zur bäuerlichen Tradition jedoch blieb erhalten.

In das um 1785 erbaute, von der Französischen Revolution 1793 verschont gebliebene fürstlich-nassauische Jagdschloss zog 1815 die Staatliche Forstverwaltung

ein. Einst waren es fürstliche Gäste und ihr Gefolge, die anlässlich großer Jagdgesellschaften hier residierten und Karlsbrunn einen Hauch der großen Welt spüren ließen.

Für Erholung und Entspannung bietet Karlsbrunn und seine umgebende Waldlandschaft der Bevölkerung aus den nahen Ballungsräumen eine Vielfalt an Möglichkeiten. Neben einigen denkmalgeschützten Gebäuden befindet sich in Karlsbrunn ein Wildfreigehege von ca. 30 ha. Hier kann man die für die Gegend typischen Waldtiere in freier Natur beobachten. Zahlreiche Besucher nutzen die Möglichkeit zu erholsamen Spaziergängen in der waldreichen Umgebung des Ortes.

Grube Velsen

City Open Airs

Straßentheatertage

Aquarellpreis

Klassik-Konzerte

Vereine im Alten Bahnhof

Heimatabende

Hüttenjazz

Karneval

Theater im Alten Bahnhof

Klamauk unterm Schirm

Halloween

Carbon und Stahl

STADT VÖLKLINGEN

Kultur und mehr...

Winderhitzer Völklinger Hütte

PARKEN: im Ortsbereich von Karlsbrunn

WEGSTRECKE: 17,2 km

STARTPUNKT: Warndthotel Waibel

INFORMATION: Kontur-Kongress und Touristik GmbH, Saarbrücken, Telefon: 06 81 / 9 38 09-0, Tourist-Information Völklingen, Völklingen, Telefon: 0 68 98 / 2 11 00

WEGMARKIERUNG: rot/weißes Rechteck

EINKEHREN: Kantine Velsen, Telefon: 06 81 / 4 05 15 03, Alter Bahnhof, Völklingen, Telefon: 0 68 98 / 28 01 91, Ristorante La Pulia, Völklingen, Telefon: 0 68 98 / 8 01 99

ÜBERNACHTEN: Montan Hotel, Völklingen, Telefon: 0 68 98 / 2 33 11, Hotel-Ristorante Kurtz, Völklingen, Telefon: 0 68 98 / 2 63 11

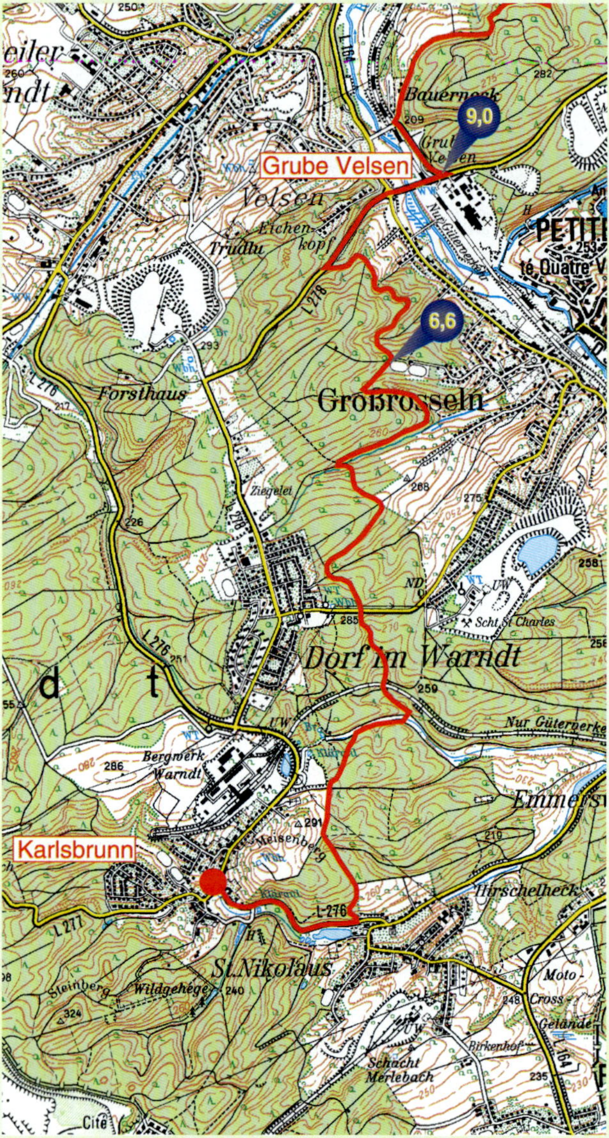
Grube Velsen
9,0
6,6
Großrosseln
Dorf im Warndt
Karlsbrunn
Velsen
Forsthaus
Bergwerk Warndt
St. Nikolaus
Hirschelheck
Schacht Merlebach
Scht St Charles
Ziegelei
Meisenberg
Wildgehege
Steinberg
Birkenhof
Moto-Cross-Gelände
Bauerneck
L 276
L 278
L 277
L 164

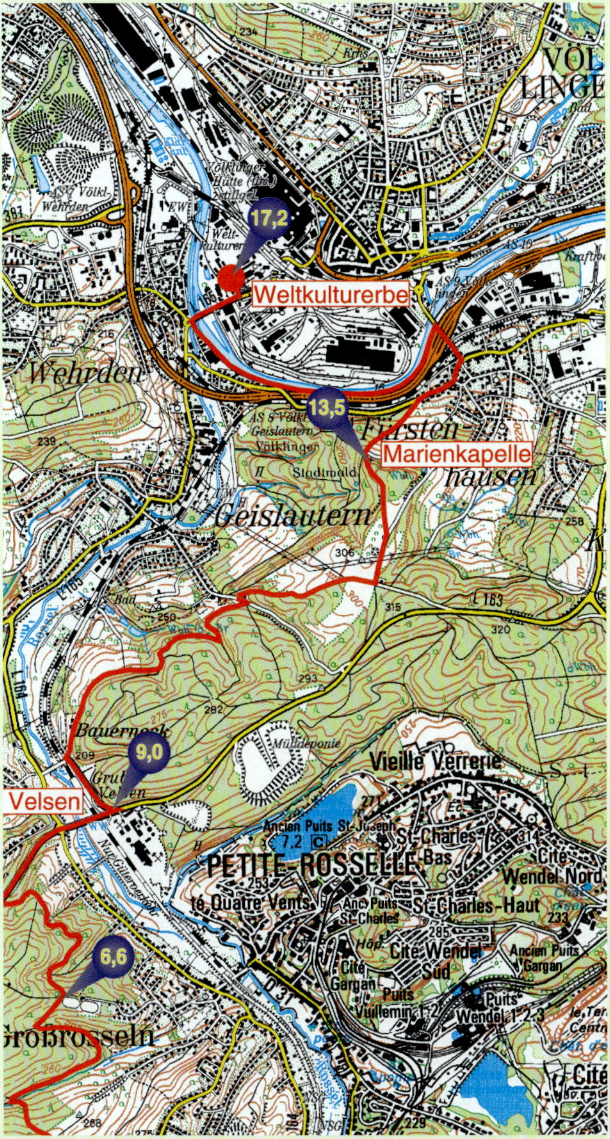
17,2
Weltkulturerbe
13,5
Marienkapelle
9,0
Velsen
6,6
Wehrden
Fürstenhausen
Geislautern
Stadtwald
Bauerneck
Müllldeponie
Vieille Verrerie
PETITE-ROSSELLE
Ancien Puits St-Joseph
St-Charles-Bas
St-Charles-Haut
Cité Wendel Nord
Cité Wendel Sud
Cité Gargan
Ancien Puits Gargan
Puits Vuillemin 1.2
Puits Wendel 1.2.3
Großrosseln

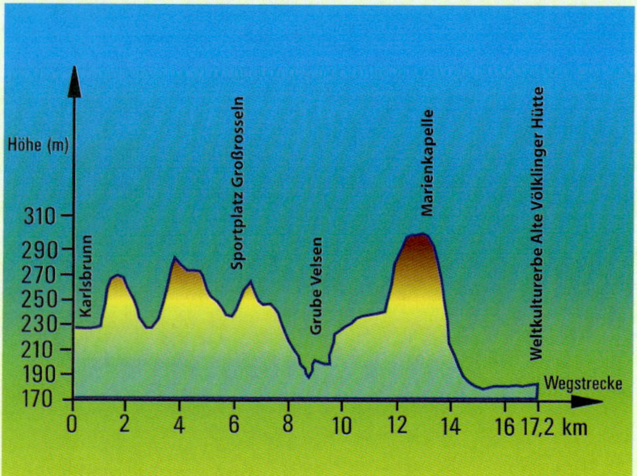

Höhenprofil - 19. Etappe

Warndtweiher

Wegbeschreibung

Nikolausweiher

Vom Warndthotel Waibel bringt uns die Markierung zunächst zum St. Nikolaus Weiher zwischen Karlsbrunn und St. Nikolaus. Über den Mühlenweg erreichen wir St. Nikolaus, folgen am Ende des Mühlenweges der Markierung nach links in die Brückenstraße, die aus dem Ort herausführt. Im Bogen nach oben wandern wir der Straße entlang. Nach wenigen Minuten erreichen wir wieder weichen Waldboden.

Bis Großrosseln warten einige kleinere Anstiege im Wald, kurz vor dem Ort Dorf im Warndt überqueren wir die Verbindungsstraße zwischen Großrosseln und Dorf im Warndt. Ein ordentlicher Anstieg bringt uns zum Sportplatz von Großrosseln. Die am Sportgelände liegende Schutzhütte bietet Gelegenheit eine Rast einzulegen.

Unser nächstes Ziel ist das Gelände der Grube Velsen. Vom Sportplatz müssen wir einige Straßen von Großrosseln durchwandern, die letzten Bäume des Waldes geben bereits die Sicht frei auf den alten Förderturm der Grube. Unmittelbar daneben hat man vor einigen Jahren eine moderne, grau-weiß verpackte Müllverbrennungsanlage errichtet.

Die Straße Im Roth bringt uns aus dem Wald zur Hauptstraße (Ludweiler Straße) von Großrosseln. Über die Hauptstraße kommen wir dem Grubengelände näher und haben es erreicht, wenn wir die aus

Völklinger Hüttengelände

Lothringen kommende Rossel überquert haben.

Auf dem Grubengelände besteht die Möglichkeit die alte Dampffördermaschine im Maschinenraum zu besichtigen. Vor allem aber bietet das Erlebnisbergwerk Velsen eine faszinierende Untertagewelt. Die Führung durchs Bergwerk zu Fuß und mit dem Personenzug bringt den Besucher in ein verzweigtes Stollensystem.

In der Kantine Velsen bietet man nicht nur für Wanderer zu jeder Tageszeit ein Bergmannsfrühstück an: „Weck, Lyoner un e Bier".

Auch die schönste Pause geht zu Ende. Das Wegstück bis Völklingen wartet.

Gegenüber dem Grubengelände erreichen wir nach wenigen Minuten wieder Waldboden. Der Weg führt nun für einige Zeit stetig bergan. Den Völklinger Stadtteil Geislautern erreicht man an der Straße Dietrichsberg. Dort angekommen lohnt ein Abstecher über die Straße An den Zollhäusern zum Ehrenmal, das an die gefallenen Soldaten der Kriege 1914/18 und 1939/45 erinnert. Der Blick vom Ehrenmal über das Saartal, die Völklinger Hütte und die Stadt ist einmalig.

Weltkulturerbe Alte Völklinger Hütte

Zurück vom Ehrenmal, zurück zum Weg nach Völklingen. Ab und zu öffnet sich durch Waldschneisen der Blick ins unter uns liegende Saartal. Der Wanderweg verläuft hier unmittelbar entlang der Grenze zwischen Deutschland und Frankreich.

Vorbei am Ehrenbrünnchen, das 1983 restauriert worden ist, erreichen wir oben im Wald Fürstenhausen, einen weiteren Stadtteil von Völklingen. Die Marienkapelle mitten im Wald am Hühnerscherberg grüßt mit dem Spruch „Salve Regina". Sie wurde 1950 auf Grund eines Gelöbnisses von Bürgern aus Fürstenhausen, Wehrden und Völklingen errichtet, „zum Dank an die Gottesmutter für den persönlichen Schutz und die Bewahrung unserer Heimat vor größerem Schaden während des Zweiten Weltkrieges".

Wir folgen dem Saarland-Rundwanderweg bis zur nächsten großen Kreuzung, an der der Weg nach einer scharfen Rechtsbiegung weiter durch den Wald führt (Schild: Saarbergwerke Kokerei Fürstenhausen). An dieser Kreuzung verlassen wir den Saaarland-Rundwanderweg und folgen dem steil nach unten führenden Waldweg nach links (Schild: Grünes N mit rotem Pfeil). Zwischen Wald und Feld geht es steil bergab zur Straße Am Berg in Fürstenhausen. Am Ende der Straße wandern wir für ein kurzes

Marienkapelle, Fürstenhausen

Begegnung an der Hütte: Vater und Sohn

Stück nach links und gleich anschließend nach rechts entlang der Freiherr-vom-Stein-Straße.

In der Talsohle angekommen folgen wir nach links der Karolingerstraße. Unmittelbar vor der Karolinger Brücke über die Saar folgen wir dem Hinweisschild zum Saarradweg nach links unten. Über eine lang gezogene Schleife entlang der Saar erreichen wir den Stadtteil Wehrden. Links von uns verläuft die Autobahn von Saarbrücken nach Luxemburg, rechts von uns auf der gegenüberliegenden Seite das Gelände der Saarstahl AG. Die alten Hochöfen und Winderhitzer wirken wie Stahlriesen aus einer anderen Zeit.

Kurz vor der Brücke über die Saar in Wehrden verlassen wir den Saarradweg und wandern über die Brücke (Rathausstraße) zum Weltkulturerbe Völklinger Hütte.

Aus dem Tagebuch von… Marco Muhar

Flasche leer. Die Helden sind müde.

Der lange Marsch rund um das Saarland hat wohl alle geschlaucht. Körper und Geist erholen sich kaum noch von den Etappen. Jeden Tag rund 20 Kilometer wandern, dazu An- und Abfahrt und der ständige Kontakt mit Menschen: Es wird langsam Zeit…

Nicht, dass jemand die Wanderung missen möchte, viel länger dürfte sie aber nicht dauern. Schließlich gibt es ja auch ein normales Leben, das gelebt werden will. Kleider müssen gewaschen, Lebensmittel gekauft, Haustiere versorgt werden.

Daheimgebliebene fangen an, sich zu beschweren.
Freunde verstehen nicht, warum man drei Wochen am Stück abends nicht mehr ausgehen mag. Gärten verwildern, Rechnungen stapeln sich – während der Öffnungszeiten der Banken und Geschäfte sind wir ja stets unterwegs.

Neben der sportlichen bietet der Saarlandrundwanderweg auch eine soziale und organisatorische Herausforderung.

Eine Tatsache, die von Außenstehenden gerne übersehen wird.

Vom Weltkulturerbe in die Landeshauptstadt

Zwei Baumeister, wie sie unterschiedlicher nicht sein können, haben die Stadtbilder der Stadt Völklingen und der Landeshauptstadt Saarbrücken geprägt. Die Gebrüder Röchling machten binnen weniger Jahre die Völklinger Hütte und die Stadt zu einem großindustriellen Zentrum. Egal von welcher Seite man die Stadt erreicht – die Festung aus Stahl und Eisen ist weithin sichtbar.

In Saarbrücken hinterließ der Baumeister Friedrich Johann Stengel seine Spuren. Noch heute ist das barocke Stadtbild gut zu erkennen. Wenn man die Landeshauptstadt erreicht hat, lohnt ein Spaziergang zum Alten Rathaus St. Johann, der Johanniskirche, dem St. Johanner Markt, der Ludwigskirche und dem Saarbrücker Schloss. Von der Schlossmauer hat man einen guten Ausblick über die Stadt und zum gegenüberliegenden Schwarzenberg mit seinem Turm.

Stadtporträt

Die älteste Urkunde Völklingens stammt vom 27. Oktober 822. Sie wurde ausgestellt zu „Fulcolingas" vom Vizekanzler Ludwigs des Frommen und bezog sich auf ein Bauerndorf.

Mit Förderung des Landesherrn konnte ab 1572 im heutigen Stadtteil Geislautern die älteste Eisenschmelze des Saarlandes als erste frühe Industrialisierung entstehen.

Die gräfliche Erlaubnis, Kohle abzubauen, bildete 1621 den Auftakt für die Steinkohlegewinnung im Tagebau. Damit begann Völklingens Aufstieg vom einstigen Bauerndorf zur Industriemetropole.

Ein ganzes Jahrhundert war die Stadt verbunden mit der Herstellung von Eisen und Stahl. Unter dem Namen der Familie Röchling entwickelte sich ein Hüttenwerk mit Hochofenkomplex, Stahlwerk und Walzenstraße, das auch heute noch zu einem großen Teil den Innenstadtbereich prägen.

Auch die Grube im Stadtteil Luisenthal gehört zu Völklingen. Ihr Name bleibt verbunden mit der größten Schlagwetterexplosion in einem bundesdeutschen Bergwerk, als im Jahre 1962 299 Bergleute ums Leben kamen.

Die Ernennung der „Alten Völklinger Hütte" zum UNESCO Weltkulturerbe 1994 würdigte die Leistungen der vergangenen Generationen an der Saar, die nicht unerheblich zum Aufschwung in Deutschland nach dem 2. Weltkrieg beigetragen haben. Die Stadt Völklingen und die saarländische Landesregierung sind dabei, die touristische und museale Nutzung des Weltkulturerbes „Alte Völklinger Hütte" weiter voranzutreiben.

Hüttenskyline

Altes Rathaus Völklingen

In diesem Denkmal internationalen Ranges kann die Entwicklung der eisenverarbeitenden Industrie an den Originalschauplätzen nachvollzogen werden. Für die Besucher erschließt sich die für Fremde einst „verbotene Stadt“ über einen Besichtigungsweg. Dabei sind die Sinteranlage, die Kokerei, die Gichtbühne und der Hochofenabstich zu sehen. Höhepunkt einer jeden Besichtigung ist das monumentale Gebläsehaus mit seinen gigantischen Schwungrädern.

Im Innenstadtbereich fallen mehrere Gebäude aus der Zeit der Neugotik und des Jugendstils auf. Dem Patron der Hüttenarbeiter ist die Eligius-Kirche gewidmet. Im Stil des Neobarocks wurde sie in den Jahren 1912 und 1913 erbaut und dominiert die Rathausstraße in der Innenstadt mit einem mächtigen rechteckigen Turm. Zwischen 1874 und 1876 wurde das Alte Rathaus im klassizistischen Stil erbaut. Ein quadratischer Turm verbindet die zwei Flügel des restaurierten Gebäudes. Im Innern blieb das Trauzimmer mit einem imposanten Jugendstil-Hochzeitsfenster erhalten. Zu den größten und schönsten Jugendstilbauten im Saarland gehört die 1906 errichtete Mühlgewannschule am Hindenburgplatz.

Gasgebläsehalle der Völklinger Hütte

Die Stadt lobt jährlich mehrere Kunstpreise aus. So wird hier der südwestdeutsche Aquarellpreis vergeben. Der Seniorenliteraturpreis hat große Beachtung im gesamten deutschsprachigen Raum gefunden und der saarländische Mundartpreis „Völklinger Platt“ gilt als einziger landesweiter Literaturpreis in den Regionalsprachen des mosel- und rheinfränkischen Dialektes.

Die „Hidd“

Völklingen, einst die Stadt des Feuers und des Eisens wird zunehmend Kultur- und Eventstadt.

Parken: Parkplatz am Weltkulturerbe

Wegstrecke: 19,7 km

Startpunkt: Alte Völklinger Hütte

Information: Kontur – Kongress und Touristik GmbH, Saarbrücken, Telefon: 0681 / 9 38 09-0,
Tourist-Information Völklingen, Telefon: 0 68 98 / 2 11 00

Wegmarkierung: von Fürstenhausen bis Saarbrücken-Schanzenberg rot/weißes Rechteck

Einkehren: Saarbrücken hat eine Vielzahl von Restaurants und Cafés

Übernachten:
Hotel La Residence, Telefon: 0681 / 38 82-0,
Hotel Am Triller, Telefon: 0681 / 5 80 00-0,
Domicil Leidinger, Telefon: 0681 / 93 27-0,
Hotel Mercure Kongress, Telefon: 0681 / 38 90-0,
Hotel Madeleine, Telefon: 0681 / 3 22 28,
Hotel Bayrischer Hof, Telefon: 0681 / 6 87 96-0,
Hotel Kaiserhof, Telefon: 0681 / 6 53 81

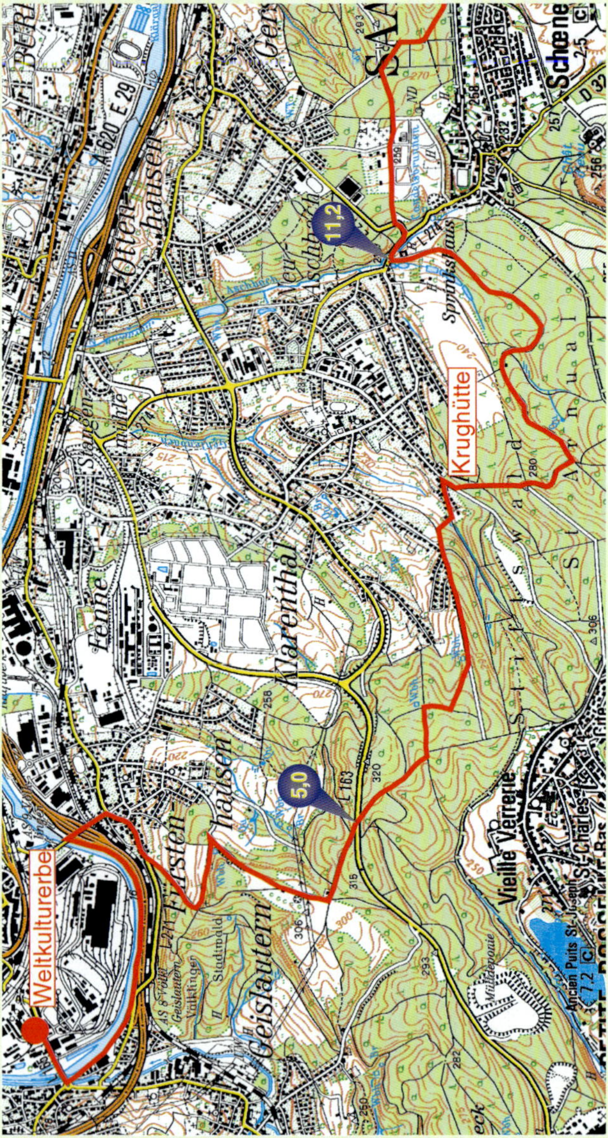
Weltkulturerbe
Krughütte
5,0
11,2
Fenne
Klarenthal
Geislautern
Vieille Verrerie

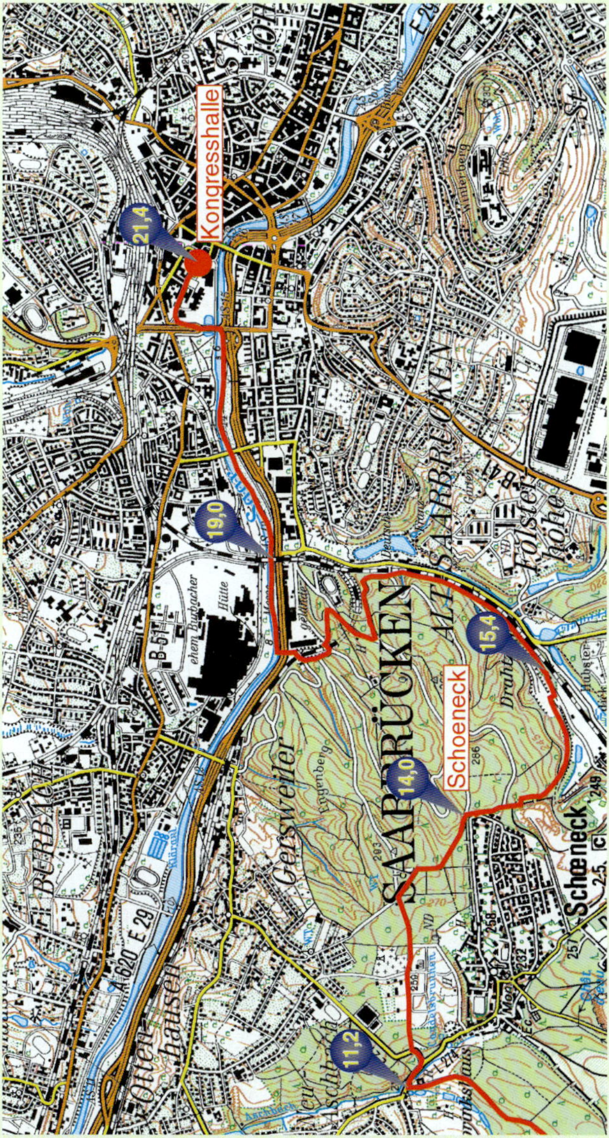
Kongresshalle
21,4
19,0
15,4
14,0
11,2
Schoeneck
SAARBRÜCKEN
ALT SAARBRÜCKEN
Gersweiler
Schœneck
ehem Burbacher Hütte
Winterberg
Folsterhöhe

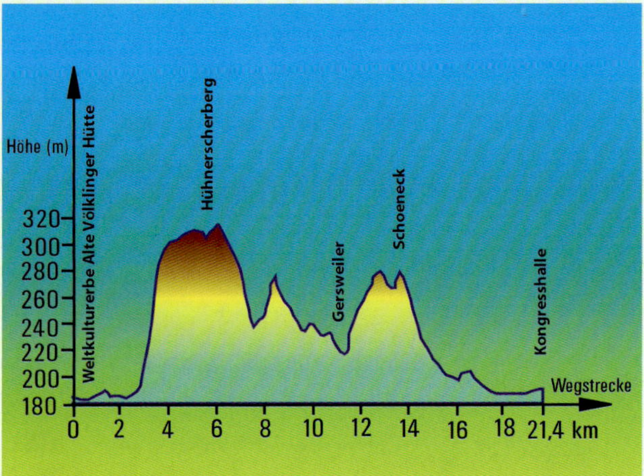

Höhenprofil - 20. Etappe

Blick über Völklingen

Wegbeschreibung

Vom Eingang des Weltkulturerbes Völklinger Hütte wandern wir durch die Rathausstraße stadtauswärts. Die Straße bringt uns über die Brücke über die Saar nach Wehrden. Am Saarufer entlang erreichen wir die Karolingerbrücke bei Fürstenhausen.

Hier verlassen wir die Saar. Durch die Karolingerstraße und weiter durch die Freiherr-von-Stein-Straße erreichen wir die Straße Am Berg, die ihrem Namen alle Ehre macht. Es geht steil nach oben. Die Straße mündet in einen Waldweg und über diesen weiteren steilen Anstieg finden wir an der Wegkreuzung oben angekommen die rot/weiße Markierung des Saarland-Rundwanderwegs.

Der erste Abschnitt des Tages führt zunächst durch das ausgedehnte Waldgebiet des Völklinger Stadtwaldes. Fürstenhausen und Fenne, zwei Stadtteile von Völklingen, sowie die stillgelegte Kokerei zwischen den beiden Orten, liegen linker Hand außerhalb der Waldzonen.

Der Weg führt weiter durch Wald. Vorbei am Gehlenberg streifen wir den Ortsrand von Klarenthal, wenn wir durch die Straße Am Forst entlang des Waldes bergab wandern. Wir passieren eine Schutzhütte, der Weg bringt uns durch die Straße Am Bruch wieder auf einen schattigen Waldweg.

Das Waldgebiet ist hier auch Grenzgebiet zwischen Deutschland und Frankreich. Wenn wir später nach Schoeneck kommen, einem Ortsteil der Stadt Forbach in Lothringen, ist der Wanderweg auch Grenzweg der beiden Staaten.

Kurz bevor wir die Straße L 274 zwischen Krughütte und Gersweiler erreichen, die wir später überqueren müssen, finden wir im Wald die Überbleibsel des ehemaligen Pestlazaretts.

Nach der Rast geht es über die Landstraße, auf der anderen Seite in den Wald und noch einmal wird nach wenigen Metern die Straße überquert, bevor wieder eine ausgedehnte Waldpassage wartet.

Den Grenzort Schoeneck streifen wir bevor wir den Saarbrücker Stadtwald erreichen.

Pestlazarett vor Gersweiler

In der ersten Hälfte des 12. Jhd. war das Gebäude als Kirche für die Orte Aschbach, Gersweiler und Ottenhausen gebaut worden. Im Laufe der Zeit wurde es dann immer wieder für andere Zwecke genutzt: Im 17. Jhd. diente es der Stadt Saarbrücken als Pestlazarett weit draußen vor der Stadt, später wurde es zu einem Bauernhaus umgebaut und Jahre später zu einem Wohnhaus. In der zweiten Hälfte des 20 Jhd. hat man es dann fast vollständig abgerissen. Die letzten Mauerreste dienen vor allem Wanderern als beschaulicher Rastplatz.

Vor der Eisenbahnbrücke, die 1931 gebaut worden ist, verlassen wir den Saarland-Rundwanderweg und wandern geradeaus nach oben (Gebotsschild für Reiter). Der Weg führt in einem Bogen nach links oben. Oben angekommen erreichen wir eine Weggabelung an der wir geradeaus weiterwandern, der Beschilderung des weißen Reiters mit blauem Untergrund folgend.

Nach wenigen Metern führt der Weg nach rechts und endet später an einem schmalen Teerweg. Wir folgen diesem Teerweg

Entlang der Saar

nach links oben. Am Hinweisschild „Messegelände“ folgen wir der Wegtrasse nach rechts und passieren schon bald die „Grillstation“ mit einer großen Schutzhütte oben auf dem Schanzenberg.
Kurz hinter dieser Grillstation wandern wir nach links bergab. Wir befinden uns auf der Wegtrasse des Jugendherbergsweges (rotes Dreieck). Diesem Weg folgen wir bis zum Messebahnhof, den wir rechter Hand passieren. Kurz danach biegt der Jugendherbergsweg nach links in den Wald, wir wandern jedoch geradeaus weiter und kommen zum Schützenhaus der Schützengesellschaft von 1848. Am Schützenhaus wandern wir nach rechts über eine kleine Brücke und anschließend weiter bergab. Rechter Hand das Messegelände, vor uns die Autobahntrasse von Saarbrücken nach Völklingen.

Über Treppenstufen geht es nach unten, die Autobahn wird durch einen kleinen Tunnel unterquert und wir stehen direkt am Ufer der Saar. Hier angekommen bringt uns der Saarradweg, die Saar zur Linken, sehr schnell in die Landeshauptstadt Saarbrücken. Wenn wir die Westspange unterquert haben, folgen wir nach links dem Weg nach oben, weg von der Saar, die wir über die Westspange überqueren. Am Ende der Brücke biegen wir scharf nach rechts. Der Weg bringt uns durch den Bürgerpark, der an dieser Stelle zwischen 1986 und 1989 entstanden ist. Das rechte Ufer der Saar liegt direkt vor uns.

Der Biergarten von Jacques' Bistro direkt an der Kongresshalle lädt zur ersten Rast in Saarbrücken ein.

Am Staden, Saarbrücken

Aus dem Tagebuch von… Ricarda Wackers

Endspurt!

Das letzte Wegstück geht uns wieder flott vom Fuß: an der Saar entlang, über die Fußgängerbrücke am Saarbrücker Heizkraftwerk, durch die Straße des 13. Januar, über die Mainzer Straße endlich hinauf auf den Halberg. Und nach knapp drei Wochen kommen wir endlich dort wieder an, wo wir aufgebrochen waren, das Saarland zu umrunden. Irgendwie ist es ein erhebendes Gefühl, und diejenigen, die die gesamte Tour gelaufen sind, dürfen mächtig stolz auf sich sein. Zwar stehen keine jubelnden Massen am Wegesrand, um uns zu begrüßen, aber der Empfang, der uns bereitet wird, stellt trotzdem alle zufrieden. Ein großer blauer SR-Triumphbogen ist für uns aufgeblasen worden.
Dahinter erwartet die Wanderhelden kühler Sekt.

Ankunft

Die Gläser hoch für Günter Schmitt und seine Wandercrew!

Zum Schluss erhält jeder noch eine Urkunde. Und damit ist dann schwarz auf weiß für alle Zeiten bewiesen: Wir haben es geschafft, in zwanzig Tagen das Saarland zu umrunden.

298

Kanu fährt man.
KENO
spielt man.
Jeden Tag.
jeden Tag bis
1 Mio. €
gewinnen!
SAARTOTO
LOTTO